WOLFSSPUREN IN BAYERN

Kulturgeschichte eines sagenhaften Tieres

Gertrud Scherf

WOLFSSPUREN IN BAYERN

Kulturgeschichte eines sagenhaften Tieres

BUCH & KUNSTVERLAG OBERPFALZ

Die Deutsche Bibliothek – CIP-Einheitsaufnahme
Ein Titeldatensatz für diese Publikation ist bei
Der Deutschen Bibliothek erhältlich.

Hintergrundfoto Titel: Blick vom Kaitersberg ins Zellertal (Bayerischer Wald)
Vor- und Nachsatz: W. O. L. F. – Paar. Rötelkreide von Friederike K. van der Kroher.
S. 1: Der Wolf auf dem romanischen Flachrelief in der Pfarrkirche von Gars am Inn.

Wernher-von-Braun-Straße 1 · 92224 Amberg
www.buch-und-kunstverlag.de
Vorwort: Erik Zimen
Buchgestaltung: Günter Moser
Lektorat: Herbert Wittl
Herstellung: Druckhaus Oberpfalz, 92224 Amberg
ISBN: 3-924350-96-5

Kommt der Wolf nach Bayern zurück?

Ein Vorwort von Erik Zimen

Es sind ein paar anstrengende Tage gewesen. Der Schnee war nass, die Skier entsprechend schwer, die Wolfsspur nur noch schemenhaft unter dem Neuschnee zu erkennen. Mal dachten wir, es sei doch nur ein Baummarder auf Wanderschaft gewesen, mal hatten Hirsche die Spur gekreuzt und ebensolche tiefe und regelmäßige Abdrücke im Schnee hinterlassen, so dass es schwierig war, auf der richtigen Spur zu bleiben. Wenn es überhaupt ein Wolf gewesen war, oder doch nur ein Hund?

Aber die Spur führte gradlinig vom Grenzkamm hinunter, ohne Abzweigungen und Umwege – ganz wie die eines zielstrebigen Wolfes, der weiß wohin er will. Unter den tiefen Ästen einer Fichte am Ufer des Reschbachs fanden wir schließlich die Reste eines Rehs, vor Tagen gerissen und jetzt erneut besucht. Dorthin wollte er also. Im noch nicht mit Neuschnee zugedeckten Altschnee unter der Fichte sahen wir endlich auch deutliche Pfotenabdrücke: 13 mal 9 cm groß. Also länger als breit. Jetzt waren wir uns doch sicher: es war ein Wolf, ein großer Rüde. Die gelben Urinspritzer an einer kleinen Weide nahebei ließen keine Zweifel über sein Geschlecht zu.

Wieder ist ein Wolf, ein Grenzgänger, aus dem Osten nach Deutschland vorgedrungen. Wir zählen den dritten Tag im März 2001. Ort des Geschehens ist der Bayerische Wald nicht weit von der Grenze nach Böhmen. Dort oben an der Grenze, woher der Wolf gekommen ist, ist der Wald menschenleer. Hier unten aber wohnen Menschen, liegen Felder und Häuser im Wald eingesprengt, führen Straßen vorbei, zieht sich eine Langlaufloipe am Bach entlang, auf der immer wieder Skiläufer vorbeihuschen. Keiner sieht uns an der Fichte stehen. Und erst recht nicht die Wolfsspur, die mehrfach die Loipe kreuzt. Keinen Kilometer bachabwärts liegen die ersten Häuser von Mauth. Von dort her kommen auch die Spuren zweier Menschen, die denen des Wolfes vom Dorf her gefolgt sind. Auch sie haben den Riss gefunden. Sicher waren es Jäger gewesen. Sie wissen also Bescheid.

Ist das gut oder schlecht? Ich weiß es nicht. Von ihnen, allein von den Jägern hängt es ab, ob der Wolf in den Bayerischen Wald zurückkehren kann oder nicht. Sind die Jäger pro Wolf eingestellt, lebt er unter ihrem Schutz. Sind sie gegen ihn, hat er keine Chance. Der Wolf ist zwar streng geschützt und jeder Abschuss gesetzlich streng verboten. Aber was nützt dieses Gesetz tief im Wald, wo kein Kläger ist. Von den etwa 20 Wölfen, die in den letzten Jahren von Polen oder Tschechien nach Deutschland gekommen sind, hat bislang keiner überlebt. Einige wurden überfahren, einer wurde eingefangen, die Mehrzahl aber von Jägern erschossen; aus „Versehen“, auf der Treibjagd oder einfach nur so. Der Hass des Jägers auf seinen ärgsten Konkurrenten scheint gnadenlos.

Dabei ist dieser Hass noch gar nicht so alt – Frau Scherf hat es in diesem Buch so klar herausgearbeitet. Erst im siebzehnten Jahrhundert, dem Jahrhundert der prunkvollen absolutistischen Herrschaft, der lange verheerenden Kriege und der bittersten Armut wurde der Wolf zu dem bösen Ungeheuer erklärt, das er bei uns bis heute noch geblieben ist, als Konkurrent für den Alleinanspuch der hohen Herren auf die Jagd und als Sündenbock zugleich für all das Elend der niederen Stände, ein Schicksal, das er mit Hexen, Werwölfen, Zigeunern, Juden teilte. Seine Ausrottung wurde mit gnadenloser Härte betrieben und hundert Jahre später schließlich erfolgreich vollbracht. Seitdem kommen nur vereinzelt Wölfe über die östlichen Grenzen nach Deutschland, um hier erneut zu versuchen, Fuß zu fassen; ohne Erfolg, wie viele Geschichten über „Der letzte Wolf ..., der Würger ..., der Tiger ..., das Unthier von Sowieso“ belegen.

In der Tat, die Zeit der Wölfe in Mitteleuropa schien bis vor wenigen Jahren vorbei. Auch wenn die Folgen seiner Ausrottung ökologisch gesehen verheerend waren. Das Verschwinden des Wolfes führte mit der Zeit zur Vermehrung von Schafen, Ziegen, Hausschweinen, Rindern, die jetzt immer weiter in den Wald oder ins Gebirge getrieben werden konnten, mit starken Waldschäden und schlimmen Erosionen als Folge. Das führte zu Konflikten zwischen Förstern und Bauern. Daraufhin konnte die Waldweide vielerorts langsam wieder beendet werden. Doch dafür kamen die Wildtiere in noch nie da gewesener Zahl. So entstand der Konflikt zwischen Waldbesitzer und Jäger, zwischen Wald und Wild. Zu viele Rehe, Hirsche, Sauen – die zudem langsam aber sicher ohne Jagddruck des Wolfes, dafür aber vom Jäger „gehegt“, ihren Status als wirkliche Wildtiere zu verlieren drohen – verhindern nach wie vor die natürliche Verjüngung des Waldes.

Doch jetzt kommen die Wölfe wieder zurück; vom ökologisch denkenden Jäger begrüßt, von der Mehrzahl hingegen nach wie vor mit Skepsis oder gar Hass begegnet. Da tut Aufklärung not. Und die leistet dieses Buch, wie kaum eines zuvor:

Welche Fülle von Fakten und Fabeln, von Geschichten, Mythen, Märchen oder Sprüchen! Und nicht nur das; auch den wirklichen Ursachen für diese abgrundtiefe Angst vor dem Wolf und dem erbarmungslosen Krieg gegen ihn geht Gertrud Scherf nach und kommt dabei zu erstaunlichen Ergebnissen. Da habe ich viel Neues gelernt!

Es war eben nicht die Angst des Bauern oder des Hirten vor dem Feind, die den Wolfshass bewirkte. Das entspricht ganz meinen Beobachtungen in vielen der Regionen Europas, in denen der Wolf bis heute überlebt hat. Diesen Hass findet man nicht in den Abruzzen in Italien, im Katabrischen Gebirge Spaniens oder in den Karpaten Rumäniens. Ganz im Gegenteil: Immer wieder muss ich staunen über den Gleichmut der Menschen dort dem Wolf gegenüber. Nur wir, die wir die Wölfe nicht mehr als Teil unserer Fauna kennen, scheinen diese Ängste und diesen Hass zu pflegen. Die Menschen in Wolfgegenden hingegen zeigen vielfach eher Achtung vor dem Wolf und manchmal so etwas wie Bewunderung. Angst vor ihm haben sie sowieso nicht. Er greift Menschen nicht an. Und ein wirklicher Schädling ist er auch nicht. Wer Schafe oder Ziegen verliert, ist nur ein schlechter Schäfer. Und davon gibt es nicht viele. Die Menschen wissen eben sehr genau, wie sie mit Hilfe von Hunden, Pferchen und genauen Kenntnissen von den Gewohnheiten des Wolfes sich gegen ihn wehren können. Deshalb sind auch die Schäden erstaunlich gering. Und wenn sie dann doch ein Schaf oder ein Zicklein an ihn verlieren, dann ist es halt so, wie auch das Wetter mal schlechte Tage bringt und dann wieder gute.

Nein, es waren die Jäger, die die Verteufelung des Wolfes vorantrieben und es sind erneut vor allem die Jäger, die sich ihm vielerorts entgegen stellen. Da schließt sich der Kreis. Nur, die Zeiten ändern sich, die Stimmung in der Bevölkerung gegenüber dem Wolf ist nicht mehr so anfällig für Greuelmärchen. Und ökologische Tatbestände lassen sich nicht einfach beiseite schieben. Ich bin selbst Jäger und kenne viele meiner Genossen, die über die neue Entwicklung in unseren östlichen Grenzwäldern geradezu begeistert sind.

Mögen viele weitere Jäger und Nichtjäger dieses wunderschöne Buch lesen und eine ähnliche Meinung annehmen. Vielleicht hat der Wolf dann doch auch hier inmitten Europas eine Chance. An ihm liegt es nicht. Er ist anpassungsfähig genug. Es liegt nur an uns.

Grillenöd im März 2001
Erik Zimen

Der Wolf

Ein Ureinwohner Bayerns

Als vor ungefähr 35 000 Jahren der Jetztmensch in Bayern auftauchte, war der Wolf längst da und durchstreifte die Tundren, um Hirsche, Rehe, Rentiere, Wisente und Elche aufzuspüren. Wie Höhlenbär und Eisfuchs gehörte er zu den Jägern der Eiszeit (Pleistozän) – des Zeitabschnitts, der vor 2 Millionen Jahren begann und vor 10 000 Jahren endete. Aus der Eiszeit stammen auch die ersten Spuren menschlicher Kulturentwicklung in Bayern. Sie kennzeichnen den Beginn der Altsteinzeit (in Bayern von etwa 100 000 bis 8 000 Jahre vor Christi Geburt) und stammen von einem Menschentyp, der nach dem Erscheinen des Jetztmenschen verschwunden ist und den man Neandertaler genannt hat. Auch die altsteinzeitlichen Menschen – Neandertaler und Jetztmensch – waren Jäger. Trotzdem gab es damals zwischen Wolf und Mensch keine Konkurrenz, denn die Beutetiere reichten für alle, und man konnte sich aus dem Weg gehen. Offenbar gab es aber auch eine gegenseitige Faszination der beiden in ihrem Sozialverhalten ähnlichen Arten. Denn bereits vor etwa 9 500 Jahren hielten in Europa Menschen Haushunde – Gefährten, die durch Zähmung und Züchtung aus wild lebenden Wölfen entstanden waren.[1]

Mensch und Wolf lebten in Mitteleuropa viele Jahrtausende lang ziemlich friedlich nebeneinander. Ab dem frühen Mittelalter scheint sich dies geändert zu haben, denn seit dieser Zeit gibt es Berichte über Haustiere reißende und Menschen tötende Wölfe. Organisierte Wolfsjagden fanden bereits zur Zeit Karls des Großen statt, es gab hauptberufliche Wolfsjäger und man züchtete wolfsjagende Hunde. Die Ausweitung und Intensivierung der Landwirtschaft, die Rodung der Wälder und ein in der Folge starkes Bevölkerungswachstum verdrängten nach und nach den Wolf aus angestammten Lebensräumen. Der Nahrungsmangel zwang den Beutegreifer, auf Haustiere auszuweichen. Die Jagd gewann an Bedeutung, und der ebenfalls jagende Wolf wurde zunehmend zum Konkurrenten. Die skizzierte Entwicklung verstärkte sich ab dem ausgehenden Mittelalter. Vorübergehend gestoppt wurde sie durch den Dreißigjährigen Krieg, einer furchtbaren Zeit für die Menschen in Mitteleuropa. Drastischer Rückgang der Bevölkerungszahlen, Darniederliegen der Landwirtschaft und damit einhergehend Vernachlässigung der Wolfsbekämpfung führten dazu, dass sich die Wolfsbestände erholen konnten. Umso schneller aber kam dann das Ende: Der Ureinwohner Bayerns war aufgrund Mitte des 17. Jahrhunderts einsetzender intensivster Bejagung an der Wende zum 18. Jahrhundert weitgehend ausgerottet. Am 21. Juli 1882 starb ein vielfach als „letzter freier Wolf Bayerns“ bezeichneter Vertreter dieser Tierart am Scheibenberg im oberpfälzischen Fichtelgebirge.

AUF DEN SPUREN DES WOLFS IN BAYERN

Hinterlassen hat der Wolf in Bayern seine Spuren. Sie finden sich in Zeugnissen menschlichen Schaffens und Wirkens – in Namen und Sagen, in Brauchtum und Chroniken, in Denkmälern, in der Kunst und in Wappen. Einige dieser Spuren sind noch deutlich sichtbar, andere schon weitgehend abgetragen, verweht, entstellt und nur noch schwer zu erkennen. Viele liegen im Verborgenen: irgendwo in der Landschaft, in Büchern und Akten, in Kunstsammlungen und Kirchen, manchmal auch noch in der Tradition einer Familie.

Das Anliegen, Wolfsspuren in Bayern zu sammeln, zu ordnen, aufzubereiten und wenigstens in Ansätzen zu deuten, liegt diesem Buch zu Grunde. Bei genauerer Betrachtung erweisen sich viele der Wolfsspuren nicht als die Spuren des Tiers, sondern als Spuren der Vorstellungen und Ängste der Menschen. So stellte der Wolf zu verschiedenen Zeiten und in Abhängigkeit von den jeweiligen kulturgeschichtlichen Entwicklungsstufen, den wirtschaftlichen und sozialen Bedingungen sehr Unterschiedliches und häufig auch Widersprüchliches dar: Er war Göttertier und Teufel, Sündenbock und Gottes Geschöpf, und noch bei uns Heutigen hat er Rollen zu spielen – als bewunderungswürdiger edler Wilder und als verachtenswerter mordlustiger Räuber.

Wer Wolfsspuren finden und sammeln will, kann sie nicht allein in der Landschaft und in Bibliotheken aufspüren. Ganz entscheidend ist die Hilfe Kundiger und Interessierter an offiziellen und privaten Stellen wie Universitätsinstituten, Nationalparkverwaltungen, Forstämtern, Museen, Gemeinde-, Markt- und Stadtverwaltungen, Landratsämtern und Regierungen. Besonders hervorzuheben sind die vielen Hinweise und Quellen, die von Kreisheimatpflegern und von privaten Heimatforschern und -interessierten stammen. Ihnen allen wird am Schluss des Buches gedankt.

Spuren der Wirklichkeit

Biologische, archäologische und kulturelle Zeugnisse

Vom Tier selbst, von realen Gegebenheiten oder Ereignissen sind allerlei Spuren zurückgeblieben. Während lebendige Gehegewölfe, Reste des Wolfskörpers und Wolfsgruben Relikte einer vergangenen Wirklichkeit darstellen, kann nicht bei allen Flurdenkmälern festgestellt werden, ob sie ihre Errichtung wirklich einer Begebenheit mit einem Wolf oder gar mehreren dieser Tiere verdanken oder ob eine als real erzählte Begebenheit nachträglich einem bereits bestehenden, aus ganz anderen Gründen errichteten Denkmal zugeordnet wurde. Die heimatkundlichen Berichte über die Ausrottung des Wolfs in Bayern basieren auf Chroniken, Verordnungen, Pfarrmatrikeln, Jagdberichten und anderen alten schriftlichen Zeugnissen, die sämtlich sicher nicht nur Wirklichkeit, sondern auch Vorurteile, Ängste und Absichten der Verfasser und ihrer Zeitgenossen widerspiegeln.

LEBENDIGE GEHEGEWÖLFE

In der Gehegezone des Nationalparks Bayerischer Wald bei Neuschönau im Landkreis Freyung-Grafenau und im Bayerwald-Tierpark in Lohberg im Landkreis Cham werden Wolfsrudel in Gehegen gehalten. Sie sollen den Besuchern einen Eindruck von dieser einst im Bayerischen Wald heimischen Tierart vermitteln. Insbesondere in den Morgen- und Abendstunden, wenn die Tiere besonders aktiv sind und nicht selten auch ihr Geheul anstimmen, sind eindrucksvolle Beobachtungen möglich, die dazu beitragen können, Furcht und Vorurteile abzubauen. Diesem Zweck dienen auch Informationen in Text und Bild. In Lohberg gibt es sogar ein eigenes *Haus des Wolfes*, in dem Ängste der Menschen und grausame Verfolgung der Wölfe dem tatsächlichen Verhalten der Tierart gegenübergestellt werden. Tatsächlich sind die Rudel beider Gehege eine überregionale Attraktion in diesen Ferienregionen des Bayerischen Waldes. Die Wölfe im Nationalpark Bayerischer Wald wurden über Bayern hinaus bekannt, als im Januar 1976 eine Gruppe von Jungwölfen aus dem Gehege ausbrach, aber auch durch die verhaltensbiologischen Forschungen Erik Zimens, über die er in viel beachteten Büchern berichtet hat.

TOTE WÖLFE

Überreste des Wolfskörpers selbst sind zwar tote, aber ebenfalls greifbare Spuren. Abgesehen von den in archäologischen Grabungen gefundenen Wolfsknochen sind sie allerdings meist vom Menschen überformt und deutend verändert worden.

Ausgestopfte Wölfe

In verschiedenen bayerischen Museen stehen ausgestopfte Wölfe und schauen die Besucher häufig recht furchteinflößend an. Meist weiß niemand mehr, woher die Wölfe stammen, was einst mit ihnen geschehen ist und warum sie da sind. Einige dieser Stopfpräparate sind jedoch etwas Besonderes: Es sind heimische Wölfe, die man präpariert hat, um der staunenden Mit- und Nachwelt den Sieg unerschrockener Kämpfer über die Bestie vor Augen zu führen.

So steht etwa im Naturkundemuseum Bamberg der letzte Wolf der Bayerischen Alpen, erlegt 1836. Er ist eine Dauerleihgabe der Zoologischen Staatssammlung München.[1] Der letzte Wolf des Odenwalds, der sogenannte *Tiger von Miltenberg*, erlegt 1866, steht im Museum von Eberbach. Wie sein Beiname nahelegt tauchte dieser Wolf insbesondere auch im bayerischen Teil des Odenwalds, in der Gegend von Miltenberg, auf.[2] Einer der Ausreißer aus dem Nationalparkgehege befindet sich ausgestopft im Museum der heimischen Tierwelt in Nabburg. Die Wölfin starb am 24.02.1976 bei Pischdorf/Gemeinde Nabburg im Landkreis Schwandorf und zwar ausgerechnet im Waldstück *Wolfsrangen* im Gewehrfeuer der zu ihrer Erlegung ausgezogenen Jäger. Damit wurde erstmals seit fast 100 Jahren wieder ein Wolf in der Oberpfalz geschossen.[3]

In archäologischen Grabungen gefundene Wolfsknochen

Während bei archäologischen Grabungen Haustierknochen insbesondere von Rind, Schaf, Schwein oder Hund sowie Knochen von Jagdtieren wie Rothirsch, Reh, Hase und anderen häufig gefunden werden, sind Wolfsknochen eine rechte Seltenheit. Der Wolf gehörte weder zu den Nahrungs- noch zu den Opfertieren. Stößt man bei Grabungen in vor- oder frühgeschichtlichen Siedlungen doch einmal auf Wolfsknochen, so handelt es sich vermutlich meist um die Reste solcher Wölfe, die versuchten, ein Haustier zu erbeuten und dabei erschlagen wurden.

Einige Beispiele: Im keltischen Oppidum von Manching im Landkreis Pfaffenhofen a.d. Ilm ist ein einziger Tierknochenfund mit hoher Wahrscheinlichkeit einem Wolf zuzuordnen. Das große Beckenfragment könnte möglicherweise jedoch auch zum Skelett eines großen Hundes gehören.[4] Im Römerkastell von Eining im Landkreis Kelheim wurde ein Teil eines Mittelhandknochens gefunden und wegen seiner ungewöhnlichen Größe einem Wolf zugeordnet.[5] Bei Ausgrabungen eines spätrömischen Kalkbrennerviertels in Unterhaching im Landkreis München fand man Wolfsknochen.[6]

Wolfsskelett aus dem fränkischen Reihengräberfeld in Kleinlangheim: Oberschädel mit dem vollständig erhaltenen Gebiss in Basalansicht.

Besonders interessant ist das vollständige Wolfsskelett, das sich in einem fränkischen Reihengräberfeld in Kleinlangheim im Landkreis Kitzingen, fand.[7] Es wird, wie die anderen dort ausgegrabenen, in erster Linie von Pferden stammenden Tierknochen in das 6. bis 8. Jahrhundert nach Christus datiert. Das Skelett lag in Ost-West-Orientierung in einer Grube von 160 Zentimetern Länge, 60 Zentimetern Breite und 100 Zentimetern Tiefe. Bei dem Tier handelte es sich um einen voll ausgewachsenen, starken Rüden mit einer Widerristhöhe von etwa 75 Zentimetern. Die Autoren weisen ihn anhand der Skelettmerkmale eindeutig als Wolf und nicht etwa als großen Haushund aus: ovale Augenhöhlenöffnungen, die mehr aufwärts als vorwärts weisen, ausgeprägter Hinterhauptkamm, eine nur leicht eingesattelte Stirnpartie, lange Reißzähne und glatte, nicht nach innen gewölbte Rinnenränder des Penisknochens. Rätselhaft ist, warum der Wolf bestattet wurde. Vielleicht erwies man dem Tier die Ehre einer Bestattung, weil man in damaligen Zeiten dem Wolf gegenüber zwar Furcht, aber auch Bewunderung und Achtung empfand.

Weitere in bayerischen Grabungen[8] gefundene Wolfsknochen aus vor- und frühgeschichtlicher Zeit:
Oberbayern: Dobl, Gemeinde Prutting (Landkreis Rosenheim); Pestenacker, Gemeinde Weil, (Landkreis Landsberg am Lech); Polling (Landkreis Weilheim-Schongau).
Niederbayern: Ergolding (Landkreis Landshut).
Oberpfalz: Griesstetten, Landkreis Neumarkt i.d. Opf.; Riekofen (Landkreis Regensburg); Sulzbach-Rosenberg (Landkreis Amberg-Sulzbach).
Oberfranken: Bamberg (kreisfreie Stadt); Eggolsheim (Landkreis Forchheim).
Mittelfranken: Ellingen (Landkreis Weißenburg-Gunzenhausen).
Schwaben: Kempten (kreisfreie Stadt); Sulzberg (Landkreis Oberallgäu).

Wolfsskelett aus dem fränkischen Reihengräberfeld in Kleinlangheim: Oberschädel mit wolfstypisch ovalen Augenhöhlenöffnungen in Dorsalansicht.

Wolfsschädel, Wolfszähne, Wolfshaare, Wolfsaugen

Weit verbreitet war der Glaube an die Unheil abwehrende Wirkung von Körperteilen des Wolfs. Auf der Harburg/Stadt Harburg in Schwaben im Landkreis Donau-Ries, ist über dem Fallgitter des inneren Tors ein Wolfsschädel angenagelt, der dem letzten in dieser Gegend erlegten Wolf gehört haben soll.[9] Wann dieses Ereignis stattgefunden hat, ob am Ende des 17. oder erst im 18. Jahrhundert, ist unsicher. Tierschädel, die das Böse abwehren sollen, findet man noch heute bisweilen über Stalltüren genagelt. Erinnert sei auch an die vielen steinernen Tierköpfe – Köpfe von Fabeltieren oder von realen Arten – die romanische und gotische Kirchen schmücken und dort wohl ebenfalls wachen und vor dem Bösen schützen sollten.

Wolfszähne dienten verschiedentlich als Amulette. Sie sollten Kinder vor dem nächtlichen Aufschrecken bewahren, Erwachsene vor Epilepsie und bösen Geistern – Inkubus und Sukkubus – schützen sowie als Talisman beim Spiel hilfreich sein. Manchmal stößt man in volks- und heimatkundlichen Sammlungen auf Zähne verschiedener Tiere, darunter auch Wolfszähne. Liselotte Hansmann und Lenz Kriss-Rettenbeck[10] nennen zwei Beispiele, die auch aus Bayern stammen könnten: einen durchbohrten Wolfszahn als Lutscher in Silberfassung mit Pfeifchen, 17./18. Jahrhundert, süddeutsch, und eine *Fraiskette*, alpenländisch, 18./19. Jahrhundert, die Kleinkinder vor den

Modell einer Wolfsgrube mit Köder und Falldeckel. Holzschnitt, 1590.

gefürchteten Krampfanfällen bewahren sollte. Unter ihren 13 Anhängern befindet sich auch ein Wolfszahn. Das Bayerische Nationalmuseum in München besitzt fünf silbergefasste Reißzähne, bei denen allerdings nicht sicher ist, von welchem Tier – ob etwa Eber, Wolf oder Bär – sie stammen.[11]

Wolfshaare konnten im Volksglauben vor Dieben und vor Verhexung schützen, ein Amulett mit einem Wolfsauge sollte den bösen Blick und anderes Unheil abwehren.

WOLFSGRUBEN

Im Wald bei Hönigsgrub in der Gemeinde Rinchnach/Landkreis Regen gibt es eine Vertiefung im Boden, die man – falls sie einem überhaupt auffällt – für einen Bombentrichter halten könnte. Der obere Grubenrand hat einen Durchmesser von etwa sechs Metern, die Grube ist ungefähr zwei Meter tief. Auf ihrem Grund liegt eine dicke Schicht von Ästen, Zweigen und Blättern. Altbürgermeister Josef Wenig ist eines Tages zufällig auf diese Grube gestoßen, hat beim Besitzer des Waldstücks nachgeforscht und berichtet:

„Diese Grube, so erzählte man, sei früher viel größer gewesen. Zum Wölfefangen wurde die Grube mit Reisig abgedeckt. In der Mitte der Grube wurde ein Köder befestigt. Wenn der Wolf den Köder ansprang, fiel er durch das Reisig tief in die Grube und konnte nicht mehr heraus.“[1] Reste von Wolfsgruben sind meist wenig auffällig und kaum als solche zu erkennen. In nicht allzu weit entfernter Zukunft wird von den meisten dieser kulturgeschichtlichen Zeugnisse nichts mehr erhalten sein.

Freigelegte Wolfsgrube mit gemauerten Wänden bei Schernfeld im Landkreis Eichstätt.

Wolfsgruben – Bodendenkmäler und Jagddenkmäler

Der Fang der Wölfe in Gruben war eine unter mehreren Wolfsjagdmethoden. Wolfsgrubenreste finden sich als Jagddenkmäler in verschiedenen Gegenden Bayerns. Der Holzschnitt zeigt ein Modell: Die Grube ist größtenteils von einem geflochtenen Zaun umgeben, der nur auf einer Seite einen breiteren Zugang offen läßt. Der Zaun schützt den Köder, in diesem Fall eine lebende Gans, die zwischen Grube und Zaun angebunden ist. Der Weg zur Gans führt somit nur über die Grube. Diese ist jedoch von einem geflochtenen drehbaren Falldeckel bedeckt, so daß der unglückliche Beutesucher beim ersten Schritt auf den Deckel diesen in eine Drehbewegung nach unten versetzt und in die Grube stürzt.

Bei Schernfeld im Landkreis Eichstätt wurde vor einiger Zeit eine Wolfsgrube bis auf den Grund freigelegt.[2] Die Grube hat einen Durchmesser von drei Metern, ihre senkrechten Wände sind bis dreieinhalb Meter Tiefe mit Bruchsteinen gemauert. Im Grubenboden aus gewachsenem Fels befindet sich in der Mitte eine Vertiefung. In diese wurde früher ein Pfahl gesteckt, an dem man oben in Höhe der Erdoberfläche ein Wagenrad befestigte. Darauf wurde der lebende oder tote Köder gebunden und die Grube mit Zweigen abgedeckt. Der auf die Beute zuspringende Wolf stürzte ins Loch hinunter.

Die Wände der Wolfsgruben waren bis zu einer Tiefe von drei bis fünf Metern gemauert oder verbrettert, um dem Gefangenen den rettenden Sprung unmöglich zu machen.

Anders als die Steine gemauerter Wolfsgruben sind die Grubenbretter längst verrottet. Durch das Einbrechen der oberen Grubenränder entstehen die trichterförmigen Vertiefungen, die heute noch von vielen Wolfsgruben übrig geblieben sind.

Im Flurstück *Wolfsgrube* bei Vorbach im Landkreis Hassberge ist eine ebenfalls gemauerte Wolfsgrube erhalten.[3] Sie hat einen Durchmesser von etwa 180 Zentimetern. Der Schacht ist bis auf 50 Zentimeter mit Steinen, Erde und Laub angefüllt; nur die oberen Quaderringe sind noch frei und sichtbar. Die Grube erinnert an einen aus Steinquadern gemauerten Brunnen.

Ein besonders eindrucksvolles Jagddenkmal im selben Landkreis bei Gleisenau wurde im Herbst 1999 einer interessierten Öffentlichkeit bekannt: Im Wald zwischen Schönbach, Steinbach und Gleisenau gibt es sieben Wolfsgruben, die der Forstverwalter Franz Tschödrich schon vor vielen Jahren entdeckt hat.[4] Sie liegen auf einer leicht gekrümmten Linie im Abstand von jeweils etwa 150 Metern nebeneinander.

Ein anderer, bereits auf einem alten Stich dargestellter ringförmiger Grubentyp findet sich bei Grattersdorf im Landkreis Deggendorf.[5] Die gesamte kreisrunde Anlage hat einen Durchmesser von 24 Metern. Das ebenerdige, ebenfalls kreisrunde Innere durchmißt 16 Meter und wird von einem vier Meter breiten und etwa zwei Meter tiefen Graben umgeben. Auf der großen runden Innenfläche postierte man den lebenden oder toten Köder. Auf diesen konnten die Wölfe von allen Seiten zulaufen – und in den mit Zweigen und Reisig abgedeckten Graben fallen.

Eine Liste mit einigen Beispielen noch erkennbarer Wolfsgruben in Bayern findet sich im Anhang 1.

Alte Aufzeichnungen über Wolfsgruben in der heimatkundlichen Literatur

Das Pfarrbuch von Gollhofen, Landkreis Neustadt/Aisch-Bad Windsheim berichtet, dass sich nach dem 30-jährigen Krieg die Wölfe und andere Raubtiere so vermehrt hatten, dass im Dorfgraben Wolfsgruben angelegt wurden.[6] In einem Oberpfälzer Jagdmanual aus dem 16. Jahrhundert werden Wolfgruben von vier Metern Länge, drei Metern Breite und drei Metern Tiefe beschrieben.[7] Im Spessart gab es mit vier mal vier Metern quadratisch angelegte und fünf Meter tiefe Wolfsgruben, und der darin gefangene Wolf wurde bisweilen im Triumphzug auf den Marktplatz geführt und dort unter reger Anteilnahme der Öffentlichkeit erschlagen.[8] 1758 hat der Abdecker, der die beiden bei Wülfersreuth, Gemeinde Bischofsgrün im Landkreis Bayreuth gelegenen, noch heute erkennbaren Wolfsgruben zu beködern hatte, in ihnen insgesamt sechs Wölfe gefangen. In anderen Jahren war er aber weniger erfolgreich.[9]

Offenbar brachte die Wolfsjagd mit Gruben insgesamt keine besondere Strecke. Die Wölfe schützten sich durch ihre Intelligenz und ihre im jahrhundertelangen Kampf erworbene Vorsicht, die sie aber bisweilen außer Acht gelassen haben mögen, wenn der Hunger allzu sehr quälte und vielleicht noch Welpen zu versorgen waren. Es heißt verschiedentlich, dass vor allem andere Tiere, insbesondere Füchse, in die Gruben gestürzt seien. Auch unvorsichtigen Menschen konnte es passieren, daß sie in eine Wolfsgrube fielen. So soll im Jahre 1527 ein Mädchen in eine der im Häusleser Forst, Landkreis Kronach gelegenen Wolfsgruben gestürzt und darin ertrunken sein.[10] Die Schindelmachersfrau Elisabetha Schobertin von Streitau im Landkreis Bayreuth fiel am 15.7.1713 in eine Wolfsgrube und starb qualvoll.[11] Der bayerische Kurfürst Karl Albrecht verfügte 1729, unter Hinweis auf die Gefährdung von Menschen, die Beseitigung der bei Kirchberg im Wald/Landkreis Regen gelegenen Wolfsgrube.[12]

In der in verschiedenen Fassungen und in verschiedenen Landschaften vorkommenden Sage vom Musikanten in der Wolfsgrube geht dieser Sturz für den betroffenen Menschen gut aus. So heißt es in der Bayerwaldsage

„Wie die Geigenwiese beim Waldschlößl zu ihrem Namen kam
Über die Geigenwiese ging in uralter Zeit einmal in den späten Abendstun-

den ein fahrender Sänger. Er hatte seine Geige umgehängt und wollte noch nach Rimbach, um dem schönen Burgfräulein von Lichtenegg seine Weisen zu singen und zu spielen. Ins Träumen versunken, fiel er plötzlich in eine Wolfsgrube. Ein gieriger Wolf wollte sich schon auf ihn stürzen. Da zog er in seiner Not die Geige hervor und fing an zu spielen. Er spielte ohne aufzuhören. Eine Seite nach der anderen riß, aber er spielte immer weiter. Als der Morgen graute, geigte er noch auf einer Saite. Der Wolf saß auf den Hinterbeinen und winselte mit den Tönen der Geige. Zwei Jäger, die im Morgengrauen auf die Pirsch gingen, hörten die eigenartige Musik, dazwischen das Heulen des Wolfes. Sie gingen den Tönen nach und kamen endlich zur Wolfsgrube. Sie halfen dem Geigerlein aus der Grube und freuten sich über den herrlichen Wolfsfang. Im Herzen Gott dankend für die wunderbare Rettung setzte der Geiger seine Wanderung fort. Die große Waldwiese am Ostabhang vom Hohenbogen, fünf Minuten vom Waldschlößl entfernt, mit einem einzig schönen Rundblick auf die Berge des oberen Bayerischen Waldes, führt seit dieser Zeit den Namen Geigenwiese. In späteren Jahren baute man dort ein Häuschen, das heute noch steht, und es soll ein Geigenbauer dort gewohnt haben.“ [13]

Die Gruben in Dorfnähe sind wohl nur teilweise auf Initiative der Dorfbewohner angelegt worden, großenteils befahl die Obrigkeit den Bauern die Anlage und Betreuung der Gruben, um die Jagdkonkurrenten zu reduzieren. Es gibt Hinweise, dass die Bauern mancherorts die Wolfsgrubenjagd mit eher wenig Begeisterung betrieben. Ende des 17. Jahrhunderts wurden im heutigen Landkreis Tirschenreuth etwa die Schönfichter Bürger mehrfach mit Forststrafen belegt, weil sie ihre Wolfgrube nicht instand gehalten hatten.[14]

In einem Schreiben an das Reichsstift Kaisheim (Landkreis Donau-Ries) teilte Herzog Maximilian I. am 9. Oktober 1643 mit, er habe einen in der Wolfsjagd erfahrenen Mann beauftragt „ ... dass er in dem fürstlichen Landgericht Höchstadt zwischen Lutzingen und Liezheim ein auf viele Jahre beständiges Wolfswerk (deren er schon etliche nicht ohne sonderbare Frucht uffgerichtt), darein sich die Wölff selbsten fangen, machen solle.“ Die Untertanen hatten die dazu nötigen Bretter bereit zu stellen und die Gruben anzulegen.[15]

Orts- und Flurnamen als Zeugnisse

Orts- und Flurnamen geben Hinweise, dass es in dem betreffenden Gebiet früher eine oder mehrere Wolfsgruben gegeben hat, auch wenn von ihnen heute meist nichts mehr zu sehen ist.

Wie auch im vierten Kapitel und im Anhang 2 erläutert, gibt es eine ganze Reihe von Flurnamen, die sich von Wolfsgruben ableiten. Auch der Flurname *Wolfsgraben* könnte in manchen Fällen auf eine Wolfsgrube hinweisen.

In Mößling, das heute zur Stadt Mühldorf am Inn gehört, gab es früher einen Graben und den dazu gehörigen Flurnamen *Wolfsgrube*. Heute ist das Gelände aufgeschüttet und bebaut, lebendig ist jedoch noch die Erinnerung:

Wolfsgruben-Ortschaften in Bayern[16]

Ortsname	Topographie	Gemeinde	Landkreis	Bezirk
Wolfgrub	Einöde	Teisendorf	Berchtesgadener Land	Oberbayern
	Weiler	Dießen	Landsberg a. Lech	Oberbayern
	Dorf	Aschau a. Inn	Mühldorf a. Inn	Oberbayern
	Einöde	Reichertsheim	Mühldorf a. Inn	Oberbayern
	Weiler	Zeilarn	Rottal-Inn	Niederbayern
Wolfsgrub	Einöde	Pleiskirchen	Altötting	Oberbayern
	Gemeindeteil	Rottach-Egern	Miesbach	Oberbayern
	Einöde	Aham	Landshut	Niederbayern
	Weiler	Neukirchen-Balbini	Schwandorf	Oberpfalz

In der Saulochschlucht bei Deggendorf erinnern Kreuz und Gedenktafel an eine wunderbare Errettung.

„Die frühere Gemeinde Mößling war in zwei Ortsteile geteilt, in Ober- und Untermößling. Zwischen diesen beiden Ortsteilen war eine unbebaute Fläche von ca. 200 Metern. Dort verlief in Nord-Südrichtung ein Graben von eben 200 m Länge, ca. 10 m Breite und wiederum ca. 6 m Tiefe. Dieser Graben hieß seit eh und je Wolfgrube. Wir lernten schon vor 60 Jahren in der Schule, dass hier Wölfe gefangen wurden, die bei strengen Wintern durchzogen.

Wir lernten auch, dass diese Grube mit Stangen und Reisig abgedeckt wurde und wenn die Wölfe darüber liefen, fielen sie durch.“[17]

FLURDENKMÄLER

Wer durch die Gegend wandert oder radelt, dem fallen sie eher auf als dem vorbeieilenden Autofahrer: Steine, Säulen, Bildstöcke, Kreuze, Kapellen, Marterl in der bayerischen Landschaft. Sie künden Gottes und der Heiligen Lob oder sollen an Ereignisse erinnern, die sich an dieser Stelle zugetragen haben und die Einzelpersonen, Familien oder andere Gruppen als so bedeutsam erlebt haben, dass sie ein steinernes, hölzernes oder metallenes Denkmal setzten. Solche Ereignisse können tragisch sein, ein Mord zum Beispiel, ein Unfall oder Überfall aber auch freudig wie etwa die Errettung aus Gefahr oder die Geburt eines ersehnten Erben. Oft wurde mit dem Aufstellen des Denkmals ein Gelübde erfüllt. Manchmal erläutern Inschriften den Grund für die Errichtung des Denkmals.

Wie schon erwähnt, handelt es sich bei den Erzählungen zu manchen dieser Denkmäler um Sagen und nicht um verbürgte Berichte: Einem Denkmal, über dessen Errichtung man nicht mehr genau Bescheid wusste, wurde ein Ereignis zugeordnet, um die Aufstellung zu erklären.

Unter den vielen Flurdenkmälern in Bayern – an Wegen und Kreuzungen, unter Bäumen oder im Feld, nahe bei Häusern oder einsam im Wald – haben einige auch mit dem Wolf zu tun.

Wunderbar errettet

Etliche Denkmäler sollen zum Dank für die Errettung aus Wolfsnot errichtet worden sein:

Wolfskreuz in der Saulochschlucht nahe dem niederbayerischen Deggendorf.

Neben einem schmiedeeisernen Kreuz steht ein Stein mit einer Metalltafel. Der Text darauf lautet: „Greising Anno 1815

Freibergkapelle bei Deinschwang, Landkreis Neumarkt i.d. Oberpfalz

Vor langer Zeit befand sich ein Vorfahre des Kreuth-Bauern auf dem Wege von der Stadt nach Hause. In seinem Rucksack trug er ein Stück Fleisch fürs Wochenende. Als er durch die Saulochschlucht ging, verfolgte ihn plötzlich ein Wolf. In seiner Not verfütterte der Bauer sein Fleisch. Doch der Wolf ließ von seiner Verfolgung nicht ab. In seiner Todesangst gelobte der Bauer hier ein Kreuz aufzustellen, sollte er heil nach Haus kommen. Wirklich wandte sich das Untier ab. Der Bauer hielt sein Gelübde. Seitdem steht hier dieser Gedenkstein."
Der vom Wolf verfolgte Kreuth-Bauer soll zuvor den Russlandfeldzug Napoleons von 1812 überstanden haben und glücklich wieder heimgekehrt sein.[1]

Freibergkapelle zwischen Deinschwang und Ballertshofen, beide Gemeinde Lauterhofen, Landkreis Neumarkt i.d. Oberpfalz.

Eine Sage erklärt, wie es zum Bau der Kapelle nach dem 30-jährigen Krieg kam: „Zur Zeit des Schwedenkrieges musste ein Metzger aus Ballertshofen auf der Habersmühle zur Weihnachtszeit schlachten. Spät am Abend ging er heimzu. Als er durchs Heuholz kam, stürzte ein Wolf auf den Mann los und wollte ihn zerreißen. In seiner Todesnot fiel der Metzger auf die Knie und rief die Muttergottes um Hilfe an. Er gelobte eine Wallfahrt nach Altötting. Wirklich ließ der Wolf von ihm ab und lief ins Holz zurück. Der Metzger erfüllte bald darauf sein Gelöbnis, machte die Wallfahrt nach Altötting und brachte ein holzgeschnitztes Marienbild mit nach Hause. Auf dem Platz, wo ihn der Wolf so hart bedrängt hatte, erbaute der Mann einen einfachen Bildstock und stellte in die Höhlung das Bild der Gottesmutter hinein. Bald kamen auch die Leute aus der Umgebung und beteten dort."[2]

Wolfschützenkapelle auf dem Truppenübungsplatz Grafenwöhr, Landkreis Neustadt a.d. Waldnaab.

Das Gnadenbild in der Kapelle stellt die namengebende Szene dar. Es hat nach dem zweiten Weltkrieg die Stelle eines älteren Bildes eingenommen. Dieses trug die Inschrift: „Im 17. Jahrhundert ereignete sich auf diesem Platz die Darstellung, wo der alte Förster einen Wolf anschoß, welcher auf diesen losging und über diesen herfiel; aber in dem Augenblick der größten Gefahr durch Anrufung der Hl. Dreifaltigkeit des Försters Sohn hinzukam, mit einem wohlgezielten Schuß den Wolf tötete und dadurch seinen Vater aus der Lebensgefahr errettete."[3]

Houchermarterl bei Gössenreuth, Gemeinde Erbendorf, Landkreis Tirschenreuth.

Der Großvater von Alfred Müller hat dazu erzählt: „Ein Metzger ging von Trag vom Hausschlachten heim. Auf dem Weg, da, wo das Marterl steht, wurde er von einem Wolf angefallen. Der Metzger warf ihm Fleisch und Wurst aus dem Rucksack zu. Der Wolf machte sich darüber her und achtete nicht mehr auf den Metzger, der glücklich heimgekommen ist.

Die Bildtafel am Houchermarterl bei Gössenreuth im Landkreis Tirschenreuth zeigt einen gierigen Wolf.

Das Houchermarterl bei Gössenreuth wurde 1985 renoviert. Das Taferl, das Malermeister Albert Hößl 1984 malte, zeigt die Wolfsage. Den oberen Teil des Taferls nimmt eine Maria-Hilf-Darstellung ein. Darunter sieht man Gössenreuth im Winter. Der untere Bildteil zeigt den Metzger, der dem Wolf ein Stück Fleisch zuwirft. Das Taferl trägt den Text: Heilige Maria, bitte für uns! Hilf uns in jeder Not! 1866.

Auf dem Marterlschaft ist eingemeißelt: ‚Zur Ehre Gottes' und ‚Wolfgang Rodler von Gössenreuth 1866'.

Das Marterl wurde von Steinmetzmeister Kaspar Reiter, dem Urgroßvater von Steinmetz Max Reiter, gefertigt wie sein eingemeißelter Name bezeugt." [4]

Es soll auch noch eine zweite Version über die Entstehung des Houchermarterls geben, nämlich dass Bürgermeister Wolfgang Rodler es habe aufstellen lassen zum Dank dafür, dass die Gössenreuther Kriegsteilnehmer gesund aus dem Krieg heimgekommen sind.

Wolfsmarterl (oder *Rotes Marterl)* bei Motzersreuth, Gemeinde Neualbenreuth, Landkreis Tirschenreuth.

Die Entstehung des Marterls erklärt eine Sage so: „Ein Wolf trug ein Wickelkind samt dem Kissen fort, das die Eltern, die gerade beim Heuen waren, unter einem Baum abgelegt hatten. Während der Wolf davoneilte mit dem Kissen im Maul, rutschte das Kind heraus. An der Stelle, wo die Eltern das Kind fanden, steht heute der Bildstock." [5]

Von der Bestie getötet

Nicht immer ist in der Überlieferung die Begegnung mit dem Wolf gut ausgegangen. Etliche Flurdenkmale weisen darauf hin, dass an der Stelle Menschen von Wölfen überfallen und getötet worden seien.

Gedächtnisstein Wolf-die-mad bei Leutendorf, Gemeinde Mitwitz, Landkreis Kronach.

Auf dem Wald- und Wanderweg von Häusles nach Schmölz erreicht der Wanderer nach etwa einem Drittel der Strecke ein Hinweisschild, das am Wegrand steht und auf den Stein *Wolf-die-Mad* hinweist.

„Die Magd war mit ihrem Spinnrad von Schmölz aus in das kleine Försterdörflein Häusles gekommen, um mit den anderen Mädchen und Burschen in der Lichterstube einen langen Winterabend zu verbringen. Bei Gesang und Arbeit verging sehr rasch die Zeit, und als das lustige Treiben in der gemütlichen Stube zu Ende war, machte sich auch die Magd wieder auf ihren nächtlichen Heimweg nach Schmölz, der durch tiefen Wald führte. An dieser Stelle, wo heute noch der Stein mahnt, wurde das Mädchen von einem Wolf angefallen und getötet. Als man am nächsten Morgen das Ausbleiben der Magd bemerkte, suchte man den Weg ab und fand lediglich noch das Spinnrad der Unglücklichen. Das Mädchen hatte der ‚Wolf geholt'.

Zur Erinnerung an das traurige Ereignis wurde von den Leuten ein Gedächtnisstein aufgestellt, auf dem ein Kreuz, ein Spinnrad, ein Fuß und eine Hand eingemeißelt waren.“[6]

Um den Stein war ein seltsamer Aberglaube entstanden. Nicht wenige Personen glaubten an seine Zauberkraft und schlugen sich kleine Splitter vom Stein ab. Sie zerrieben diese Steinteile und gaben sie dem Vieh ins Futter, um sie vor dem Verhexen zu schützen sowie die Gänse zu kräftigem Wachstum anzuregen. So wurde nach und nach der Stein zerstört und schließlich ließ ein Förster einen neuen Stein errichten, in den nur ein Kreuz ohne die Bildsymbole eingemeißelt ist. Es gibt die Vermutung, dass der bereits berichtete Vorfall aus dem Jahr 1528, bei dem im Häusleser Forst ein Mädchen in eine Wolfsgrube gefallen und ertrunken ist, den historischen Hintergrund der Sage bildet.[7]

Wolfssäule bei Neufraunhofen, Landkreis Landshut.

Auf einer Tafel an der Säule ist eine Winterlandschaft dargestellt, in der ein Mädchen von einem Wolf angefallen wird und dabei das Spinnrad von sich wirft. Die Inschrift darunter lautet:

„Lurt an diesem Platz allhier
ein Wolf, ein grimmig wildes Tier
als spät nach Hausbach ganz allein
ein Mädchen rüstig eilte heim.
Doch plötzlich sie das Wolfs Gebiß
erfaßte und zu Boden riß.
Niemehr ging sie dem Speckmer zu
Gott gebe ihr die ewige Ruh!
AD 1670 Freund ich bitte dich
bete für mich.
ren. 1987“

Nach der Überlieferung soll es sich bei dem Opfer um eine Magd gehandelt haben, die auf dem Speckmeierhof in Hausbach arbeitete. Auf dem Heimweg von der winterlichen Spinnstube in Krottenthal nach Hausbach soll sie von einem Wolf angefallen und getötet worden sein. Der Grundeigentümer hat Ende der 80-er Jahre die alte Säule, die bei der gräflichen Familie v. Soden-Fraunhofen aufbewahrt wird, durch eine neuere ersetzt.[8]

Wolfssäule in Stilln, Gemeinde Kirchdorf, Landkreis Mühldorf am Inn.

Eine ähnliche Säule steht in Stilln. Auch sie erinnert daran, dass eine Bauernmagd auf dem Heimweg von der Spinnstube an dieser Stelle von einem Wolf angefallen und zerrissen worden sein soll.[9] Unterhalb des Bildes, das die grausige Begebenheit festhält, sind die Buchstaben MST, möglicherweise die Anfangsbuchstaben der Errichter, und die Jahreszahl 1749 eingraviert.

Dreifaltigkeitssäule bei der Höllmühle, Stadt Ansbach.

Als einer der schönsten Bildstöcke des Landkreises Ansbach oder sogar ganz Mittelfrankens gilt eine Rokoko-Bildsäule, die etwa einen Kilometer von Neunstetten entfernt auf einer Anhöhe steht. Das von einer Linde überwölbte Denkmal ist etwa drei Meter hoch. Auf dem sechseckigen Unterbau sind auf der Vorderseite zwei Namen eingeritzt, von denen einer *Barbara* lautet, der andere wohl schwer entzifferbar ist und mit *Martirin*, *Meierin* oder *Martin* angegeben wird. Darüber ist in Stein die Heilige Dreifaltigkeit umgeben von Engeln dargestellt.[10] Eine Sage erzählt den Grund für die Errichtung der Säule:

„Zwischen Neunstetten und Oberdombach, westlich von Ansbach, befindet sich abgelegen am Waldrand unter einer Linde bei der Höllmühle – sie steht heute noch dort – eine schöne, etwa

Auf der Wolfssäule in Kirchdorf ist die an mehreren Orten erzählte Sage vom Wolf und der zerfleischten Magd bildlich dargestellt.

drei Meter hohe Dreifaltigkeitssäule. Sie erinnert an ‚Die verschwundene Magd'. Wie der Volksmund erzählt, lebte im nahen Neunstetten eine lebenslustige Magd. Im Winter ging sie, wenn es die Zeit erlaubte, nach Feierabend mit dem Spinnrad zur Höllmühle in die „Rockenstube". Dort trafen sich die jungen Leute, spannen Flachs, sangen und tanzten. Als ihr Dienstherr eines Tages zu noch nachtdunkler Zeit frühmorgens mit dem Dreschen beginnen wollte, fehlte sie. Er schickte Knechte zur Höllmühle, wo sie vom Müller erfuhren, daß die Gesuchte erst recht spät aufgebrochen sei. Mit Kienspänen und Windlichtern suchten sie nach der Verschwundenen. Erst als der Tag graute, fanden sich Spinnrad und Rocken. Blutflecken im Schnee und die Fährten von Wölfen enträtselten das Verschwinden der Bauernmagd. Sie war von Bestien überfallen und auf Nimmerwiedersehen fortgeschleppt worden. Der Höll-Müller ließ 1730 zum Gedenken an diese schreckliche Bluttat an gleicher Stelle eine Steinsäule errichten."[11]

Eisernes Handl an der Straße zwischen Kelheim und Hienheim, Landkreis Kelheim.

Der Säulenbildstock stammt aus dem 17./18. Jahrhundert und steht in der Nähe des Limes. Der gemauerte Rundpfeiler enthält eine Bildnische mit einer Darstellung des heiligen Georg. Eine geschmiedete Hand, die mit ausgestreckten Fingern auf den Weg zeigt, ragt oben aus dem Rundpfeiler heraus. Unter der Bildnische gibt eine Marmortafel Auskunft, was es mit diesem Wegweiser, der das *Eiserne Handl* heißt, auf sich hat: „Eine Näherin ist täglich nach Haderfleck zur Arbeit gegangen. Oft begegnete ihr ein Wolf, den sie dann mit einem Stück Brot fütterte. Eines Tages aber hatte sie das Brot vergessen. Sie konnte dem hungrigen Tier nichts zum Fressen anbieten. Da fiel sie der Wolf an und fraß sie auf. Nur die rechte Hand, mit der die junge Frau ihm so oft das Brot gegeben hatte, ließ er liegen."[12]

Säulenbildstock „Eisernes Handl" bei Kelheim.

„Wolfsbild" bei Rimpar im Landkreis Würzburg.

Das Steinkreuz bei Weigenheim im Landkreis Neustadt a.d. Aisch-Bad Windsheim.

Wolfsbild bei Rimpar, Landkreis Würzburg.

In der Nähe von Rimpar steht auf einer Anhöhe am Waldrand ein Bildstock: Auf einem Sandsteinsockel erhebt sich eine Säule, die ein Doppelrelief trägt. Dieses zeigt eine Pietà und die Stifterfamilie unter dem Kreuz. Eine Inschrift gibt an, dass Mathäus Gudis das Flurdenkmal errichtet hat. Der Bildstock heißt ebenso wie das zum Gramschatzer Wald gehörende Waldstück *Wolfsbild.* Eine Sage berichtet, dass in einem kalten Winter eine Witwe mit ihren sieben Kindern im Gramschatzer Wald Holz gesucht habe. Auf dem Heimweg soll die Familie von Wölfen überfallen und getötet worden sein.[13]

Steinkreuz nahe Schloß Frankenberg, bei Weigenheim im Landkreis Neustadt a.d. Aisch-Bad Windsheim.

„Über die Bedeutung des Steinkreuzes erzählte mir der jetzige Schlossherr Freiherr von Pöllnitz: Unter dem Steinkreuz liegen drei Kinder der damals auf dem Schlosse Frankenberg wohnenden Familie von Seckendorff begraben. Die Kinder spielten miteinander vergnüglich und achteten in ihrer Lust und Freude gar nicht darauf, daß sie ganz nahe an den Waldrand hinsprangen. Hier wurden sie plötzlich von einem Rudel Wölfe überfallen, so daß sie im jähen Schrecken wie erstarrt stehen blieben. Auf ihr Hilfegeschrei eilten zwar einige beherzte Männer herbei; bis sie aber den Platz erreichten, hatten die gierigen Bestien die Kinder bereits zerrissen und teilweise aufgefressen. Die wenigen Überreste wurden an der Stelle begraben und den Kindern von ihren tief betrübten Eltern der Gedenkstein unter den Eichen gewidmet. – Jedenfalls kommt diese Darstellung der geschichtlichen Wahrheit am nächsten.

Das Steinkreuz trägt also richtig die Jahreszahl 1319. Leider wurde von einem Ausflügler der die ‚Mühlenhexe' von Pfarrer Lampert wohl gelesen hatte, die Ziffer 3 in 7 ‚verbessert'. Die 3 ist aber glücklicherweise tiefer eingeschnitten, so daß mit der Zeit diese ungeschickte Fälschung wieder verschwinden wird."[14]

Das Untier erlegt

Auch von tapferen Helden, die unerschrocken sich dem Wolf entgegenstellten und ihn zur Strecke brachten, künden Denkmäler.

Am Wolfsbaum im Altenbucher Forst an der Straße zwischen Rohrbrunn (Gemeinde Weibersbrunn, Lkr. Aschaffenburg) und Breitenbrunn (Gemeinde Faulbach, Landkreis Miltenberg).

„Als es im Spessartwald noch düster war und grimmig zuging, gab es auch Wölfe. Im Altenbucher Forst soll der letzte erlegt worden sein, und zwar ‚in einer starken hohlen Eiche'. Von dem Schützen ist der Familienname überliefert: Mantel, aber deren gab es drei. Auf den Baum, an dem der letzte Isegrimm seine räuberische Seele ausgehaucht haben könnte, verwiesen zwei ‚Wolfs'-Bäume, aber sie sind längst verschwunden. Stattdessen gibt es ein Denkmal, das ‚Am Wolfsbaum' heißt. ... Der kurmainzische Revierjäger Wolfgang Mantel hat zwischen 1746 und 1783 den letzten Wolf an einer Eiche geschossen, die schon 1840 nicht mehr vorhanden war. Das ‚Wolfsbaum'-Denkmal ist eine Zutat aus viel späterer Zeit. Es soll um 1930 errichtet worden sein."[15]

Das Denkmal „Am Wolfsbaum" im Altenbucher Forst wurde zur Erinnerung an die Erlegung des „letzten" Spessartwolfs errichtet.

Hoher Stein bei Weiboldshausen, Gemeinde Höttingen, Lkr. Weißenburg-Gunzenhausen.

„Ein Gedenkstein für einen Wolf: In der Weiboldhausener Waldabteilung Sunnleithe, Plan Nr. 1024, befindet sich auf einem kleinen Plateau circa 2 qm messend, ein eratischer Block (am Fußweg nach Rohrbach). Hier erschlug 1779 der Schmied von Weiboldshausen den daselbst schlafenden letzten Wolf. Am Stein befindet sich das Zeichen MH. Die Gemeinde Weiboldshausen hat im Jahre 1932 an diesem Stein, der „Hohe Stein" genannt, eine Marmortafel mit nachfolgender Inschrift anbringen lassen:

Der hohe Stein
Hier erschlug der Schmied
Mich. Heumader
von Weiboldshausen anno 1779
mit der Reuthaue
den letzten Wolf in dieser Gegend."[16]

Wolfsfels bei Kirchenlamitz, Landkreis Wunsiedel.

„Aus dem Fichtelgebirge ist der ‚Wolfstein' bekannt geworden. Dort erlegte der Martinlamitzer Oberförster G. C. Pausch am 29. Januar 1803 einen Isegrimm, wonach das Naturdenkmal Hohenstein in Wolfstein, später in Wolfsfels umbenannt wurde."[17]

Wolfssäule auf dem Scheibenberg bei Ölbrunn, Gemeinde Kulmain, Lkr. Tirschenreuth.

Mehrere ältere und neuere Zeitungs- und Zeitschriftenartikel beschäftigen sich mit diesem Denkmal und seiner Entstehung. Im Juli 1882 war im Frankenreuther Forst nach langer Zeit wieder ein Wolf aufgetaucht.

„Wie ein Lauffeuer sprach sich diese Tatsache in den Orten Kulmain, Frankenreuth, Hüttstadl und Mehlmeisl herum. Die königliche Forstbehörde trommelte neben Treibern eine über 20-köpfige Schar von Schützen aus den obengenannten Weilern zusammen und veranstaltete am 21. Juli des Jahres 1882 eine regelrechte Treibjagd. Der Gastwirt Martin Wiesend aus Kulmain, damals 49-jährig, war schließlich der Glückliche, der – allerdings erst beim dritten Schuß – den wohl auf uralten Wolfpfaden aus den Karpaten eingewechselten Isegrimm erlegen konnte.

25 Jahre nach diesem denkwürdigen Ereignis ging man daran, am Ort des Geschehens eine granitene Steinsäule aufzustellen, die von weitem einem Grenzstein zum Verwechseln ähnlich sieht. Erst beim Nähertreten erkennt man einen im Oberteil der Säule eingemeißelten Wolf, darunter das Jagddatum, ‚21.7.1882'. Im Unterteil schließlich sind die Initialen ‚H.R.G.' angebracht, sowie das Errichtungsdatum, ‚1907'."[18]

Ein anderer Bericht gibt an, dass die Initialen für die abgekürzten Namen der Errichter stehen. Es heißt dort weiter:

„Mit Freudensalven wurde diese seltene Jagd seinerzeit beendet und die Strecke gebührend totgetrunken. Drei Tage soll es gedauert haben. Eine fotografische Aufnahme, die heute

Die Wolfssäule auf dem Scheibenberg im Landkreis Tirschenreuth erinnert an die Tötung des „letzten" bayerischen Wolfs.

noch im Gasthof Wiesend hängt, zeigt die Beute und alle damals beteiligten Jäger. Der Wolf wurde präpariert und stand viele Jahre im Lehrmittelzimmer der Realschule in Wunsiedel und soll später ins Museum nach Frankfurt oder Nürnberg gekommen sein."[19]

Leider war nicht herauszufinden, ob es das Stopfpräparat heute noch gibt. Eine Nachfrage beim Seniorchef des Gasthauses Wiesend, heute Hotel Post, in Kulmain ergab: Die Aufnahme mit der Jagdgesellschaft, dem glücklichen Jäger und dem Wolf sowie einem gleichzeitig erlegten Hirsch hat tatsächlich lange Jahre in der Gaststube gehangen. Sie ist nun leider verschwunden, da sie Herr Wiesend verliehen und nicht mehr zurückbekommen hat. Er kann sich jedenfalls noch gut an den Wolfsschützen, seinen Großvater, erinnern. Im Fichtelgebirgsmuseum in Wunsiedel gibt es glücklicherweise noch ein Exemplar des alten Fotos.

Auch wenn der Wolf in der Gegend, in der er seinen Tod fand, nicht beheimatet, sondern eingewechselt war, haben die Wolfsäule auf dem Scheibenberg und das in sie eingravierte Datum Symbolkraft: Der Erlegte wurde verschiedentlich als der letzte bayerische Wolf bezeichnet.[20]

DIE AUSROTTUNG DES WOLFS IN DER HEIMATKUNDLICHEN LITERATUR

Als sich die Begebenheit auf dem Scheibenberg zutrug, war der Wolf in Bayern als heimisches Wild längst ausgerottet. Die großen Wolfsjagden sowie auch die intensiv betriebene Einzeljagd mit Fallen, Angeln, Gruben, Gift hatten bereits in der zweiten Hälfte des 17. Jahrhunderts stattgefunden. Vereinzelte kleine Rudel oder Einzeltiere gab es in abgelegenen Gegenden noch bis zum Ende des 18. und vielleicht sogar bis ins 19. Jahrhundert. Heimatforscher haben alte Akten studiert und berichten in Büchern, Zeitungen und Zeitschriften vom Ende des europäischen Wolfs *Canis lupus lupus* in seiner bayerischen Heimat.

„Letzte Wölfe"
(18. und 19. Jahrhundert)

Der auf dem Scheibenberg erlegte Wolf soll aus Russland oder den Karpaten zugewandert sein. Obwohl auch in späterer Zeit vereinzelt Wölfe in Bayern geschossen wurden, stellt das Datum 21. Juli 1882 doch den Endpunkt in einer Reihe so genannter *letzter Wölfe* dar.

Die erfolgreichen Jäger vom Scheibenberg mit ihrer Beute. Das Kreuz bezeichnet den Wolfsschützen.

Ihre Erlegung wurde nicht selten symbolhaft als Sieg des Menschen über die Natur in Chroniken oder der Presse ausführlich gewürdigt, manchmal gar mit einem Denkmal verewigt. Nicht immer ist sicher bekannt, ob der Erlegte wirklich der letzte Wolf der Gegend war oder ob man einen Zu- oder Durchwanderer getötet hatte. Im folgenden – ohne Anspruch auf Vollständigkeit – einige Beispiele[1]:

Nördlinger Ries: Der Schädel über dem Tor der Harburg soll der des letzten Wolfs in dieser Gegend sein. Unklar ist, wann er erlegt wurde. Ein Amtknecht Finster von Deggingen soll berichtet haben, dass ihm am 27. Januar 1800 auf dem Wege nach Harburg ein Wolf begegnet sei.[2] Falls die Angabe stimmt und es sich nicht um einen Hund gehandelt hat, war dieser Wolf wahrscheinlich ein einzelner Zuwanderer oder Durchzieher, denn um diese Zeit dürften die Wölfe aus dieser Gegend Bayerns längst verschwunden gewesen sein.

Spessart: Im Frühjahr 1719 erlegte Johann Michael Hölzle den letzten Wolf im Amt Lohr. Sein Vater, der Frammersbacher Revierjäger Hans Jörg Hölzle, tötete in seinem Berufsleben 25 Wölfe, die er meist mit Tellereisen gefangen hatte. Bei diesen Tieren handelte es sich um heimische Restbestände: Letzte Rudel hatten sich nach den großen Wolfsschlachten der Kurfürsten Schönborn und Ingelheim, bei denen die Wolfsbestände weitgehend vernichtet worden waren, in die abgelegenen Spessartregionen zurückgezogen. Auch ihnen ging es nun um die Wende vom 17. zum 18. Jahrhundert an den Kragen. Der von Johann Michael Hölzle geschossene Wolf war schon kein heimisches Tier mehr, sondern ein Zuwanderer.[3] Der letzte Wolf des gesamten Spessarts soll zwischen 1746 und 1783 von einem Förster namens Mantel erlegt worden sein. Der Schuß gelang im Altenbucher Forst zwischen Rohrbrunn (Gemeinde Weibersbrunn, Landkreis Aschaffenburg) und Altenbuch (Landkreis Miltenberg). Der Wolf hatte sich in eine hohle Eiche verkrochen (siehe unter *Flurdenkmäler*). Es gibt aber auch Berichte, nach denen der letzte Spessartwolf um 1845 in derselben Gegend am so genannten Palmtörchen von einem Ochsen aufgespießt worden sein soll.[4]

Weißenburg: In Weiboldshausen, heute Gemeinde Höttingen im Landkreis Weißenburg-Gunzenhausen, soll 1779 der letzte Wolf der Gegend erschlagen worden sein (siehe unter *Flurdenkmäler*).

Oberfränkischer Teil des Fichtelgebirges: Eine aufwendige, sechs Wochen dauernde Wolfsjagd gab es im Winter 1802/03 im Bereich des heutigen Landkreises Wunsiedel. Die Jagd begann am 20. Dezember 1802, nachdem man den Wolf und seine Spuren einige Tage zuvor entdeckt hatte: Von vielen Forstleuten und Jägern wird er nun im weiten Umkreis über das Fichtelgebirge gejagt, auch zwischendurch eingekreist, er entkommt aber immer wieder. Am 29. Januar schließlich gelingt es Oberförster Pausch bei Kirchenlamitz, das Tier anzuschießen. Man zieht sich daraufhin zurück, wagt erst am nächsten Tag nach dem Wolf zu sehen und findet ihn verendet. Die wackeren Wolfsjäger erhielten Belobigung und Belohnung. Der Wolf soll 1,30 Meter lang, 78 Zentimeter hoch und 42 Kilogramm schwer sowie – wegen seiner schmutzig blaßgelben Grundfarbe und der schwarzen Spitzen der längeren Haare – „ein Pohle“ gewesen sein. Die Jagd hat 310 Gulden gekostet.[5] Seiner Erlegung zu Ehren wurde das Naturdenkmal Hohenstein in Wolfstein, später in Wolfsfels umbenannt (siehe unter *Flurdenkmäler*).

Bayerisches Allgäu: In dem Werk *Bayerische Agrargeschichte* (1954) von Alois Schlögl ist angegeben, dass der letzte Wolf im Jahr 1805 bei Hindelang getötet wurde.

Oberpfälzisches Stiftland: Am 21. Juli 1816 wurde der vom Forstgehilfen Johann Schuller am 15. Juli im königlichen Forstrevier Wernersreuth, heute im Landkreis Tirschenreuth, angeschossene Wolf tot aufgefunden.[6]

Bayerische Alpen: Im Saurisgraben bei Rottach-Egern/Landkreis Miesbach erlegte am 28. Dezember 1836 der königliche Forstgehilfe Anton Hohenadl den *letzten Wolf* der bayerischen Alpen.[7] Der letzte Wolf im Werdenfelser Land im Landkreis Garmisch-Partenkirchen war bereits 1749 getötet worden.[8]

Dürnbucher Forst (zwischen Münchsmünster, Landkreis Pfaffenhofen an der Ilm und Siegenburg, Landkreis Kelheim): Der letzte Wolf wurde 1842 erlegt.[9]

Bayerischer Wald: 1846 wurden je ein Wolf bei Zwiesel und am Großen Falkenstein geschossen. 1882 erschlugen böhmische Waldarbeiter am Panzer bei Bayerisch Eisenstein einen Wolf. Eher ist aber 1846 als das endgültige Ende des Bayerwald-Wolfes anzunehmen, da der von Bayerisch Eisenstein wohl kein heimisches Tier, sondern aus Böhmen zugewandert war.[10]

Grafenwöhr (Landkreis Neustadt an der Waldnaab): Der letzte Wolf der Gegend wurde im Jahre 1853 im Gelände des heutigen Truppenübungsplatzes geschossen.[11]

Odenwald: Zu Beginn des Jahres 1864 hatte sich im Odenwald – auch in dessen bayerischem Teil um Miltenberg – ein Wolf gezeigt, der vermutlich aus den Ardennen oder auch aus Böhmen zugewandert war. Erst am 11. März 1866 konnte er bei Eberbach (Baden-Württemberg) erlegt werden, nachdem vorherige Jagden erfolglos geblieben waren. Der *Tiger von Miltenberg* steht ausgestopft im Museum von Eberbach.[12]

Abschließend sei noch die Geschichte um den *letzten Wolf Thüringens* erzählt, der am 7. Mai 1859 bei Albingshausen – von bayerischer Seite aus – erschossen wurde. Es handelte sich ebenfalls um einen Irrläufer, denn auch in Thüringen war der Wolf in der Zeit zwischen 1650 und 1710 ausgerottet worden. An der Jagd auf den vermeintlichen tollwütigen Hund nahmen damals alle männlichen Einwohner Albingshausens und zahlreiche herzogliche Jäger teil. Der tödliche Schuss gelang dem Nikolaus Höllein, der seine Beute anschließend im Triumphzug zum Schloss Landsberg bei Meiningen fuhr, wo ihm Herzog Bernhard von Sachsen-Meiningen ein Geldgeschenk von 50 Gulden überreichte. Höllein ließ von der Prämie einen gusseisernen Ofen erstellen, auf dem auf drei Seiten die Wolfsjagd dargestellt ist und der heute im Museum von Eisfeld steht. Heinrich Weber inspirierte die Wolfsjagd zu einem Gemälde.[13]

„Wolfsplagen" während und am Ende des Dreißigjährigen Krieges

Aus der Zeit des Dreißigjährigen Krieges und der Nachkriegszeit gibt es viele Berichte über das Elend der Menschen, über die Verwüstung und Entvölkerung ganzer Landstriche. Ein wichtiges Zeugnis dieser Zeit ist der 1669 erschienene Roman *Der Abentheuerliche Simplicissimus Teutsch* des Hans Jacob Christoph von Grimmelshausen. Dort wird auch geschildert, wie der Romanheld als Hirte mit seiner Sackpfeife die Schafe vor dem Wolf beschützen sollte. In den Chroniken verschiedenster Gegenden in Bayern taucht bei der Beschreibung des durch den Krieg hervorgerufenen menschlichen Leids fast stereotyp auch die Klage über die Wölfe auf. Es heißt dann, dass sie sich vermehrt und den ohnehin in tiefster Not lebenden Menschen zugesetzt hätten.

Berichte über Wolfsplagen aus verschiedenen Gegenden Bayerns zur Zeit des Dreißigjährigen Krieges sind dokumentiert:

Landkreis Landshut: Im Gericht Rottenburg beschweren sich 1625 die Untertanen über Wölfe, Rot- und Schwarzwild, ebenso im Gericht Kirchberg. Klagen gibt es auch 1637 und 1644.[14] 1637 werden in Mamming Schäden durch Wölfe und Wildschweine beklagt, ebenso 1644.[15]

Landkreis Starnberg: Abt Maurus Friesenegger vom Kloster Andechs berichtet in seiner Chronik im Jahr 1640, daß schon seit Jahren Wölfe im Winter in das Klostergebiet kommen und Vieh und Wild dezimieren.[16]

Landkreis Bad Tölz-Wolfratshausen: Im Isartal zwischen Wolfratshausen und Tölz gibt es im Jahr 1642 eine Wolfsplage.[17]

Landkreis Rottal-Inn: In der Gegend um Arnstorf sind in den letzten Kriegsjahren die Wölfe wieder rudelweise aufgetaucht.[18]

Landkreis Neustadt/Aisch: In Gollhofen haben sich die Wölfe im Krieg stark vermehrt und deshalb werden im Dorfgraben Wolfsgruben angelegt.[19] In einer Chronik von Neustadt

a.d. Aisch wird über das Elend geklagt, das der Krieg über die Stadt gebracht hat, dass die Familien auseinandergerissen und die Häuser zerstört worden sind und: „Nicht wenige Furcht hatte man anfänglich wegen der Hunde: dann weilen deren viel in der Statt geblieben, welche durch das Anfreßen der Ermordeten und hin und wieder auf den Straßen unbegraben gelegenen menschlichen Cörper gantz grimmig und wütend worden, fielen sie die Leute an, und konnte niemand sicher aus dem Haus gehen, bis man sie alle niedergeschoßen. Weil auch die Statt unverschlossen war, haben sich auch die Wölffe zu nacht in die Statt gemacht und Schaden stiften wollen, wie denn einsten dem Nachtwächter Valentin Oberländer auf den Brandstätten eine solche bestia begegnet, die seinen Hund angefallen, und er dadurch Zeit gewonnen seinen Spies aufzuheben, und damit dem Wolf das Creutz im Rucken einzuschlagen, daß er liegen blieb."[20]
Landkreis Kitzingen: Pfarrer Bartholmäus Dietwar berichtet in seiner Chronik von Segnitz über die Zeit nach dem Krieg von vielen Wölfen, „... welche nicht allein auf dem Felde die Geißen von den Herden wegnahmen, sondern auch bei Tag in die Dörfer liefen und Geißen und Hunde holten und auch wohl kleine Kinder anfielen."[21]
Fichtelgebirge: Die Wölfe haben sich im Krieg bedrohlich vermehrt.[22]
Landkreis Ansbach: In Neusitz sind 1652 Wölfe in den Friedhof eingedrungen und haben die Grabstätten zerwühlt.[23]
Landkreis Fürth: Die Einwohner von Oberasbach stellen in einem Schreiben vom 16.2.1681 den Antrag, dem Dorf einen eigenen Lehrer zu geben, da der Schulweg nach Zirndorf wegen der Wölfe zu gefährlich sei. Nach einer Eintragung im Zirndorfer Pfarrbuch gingen etwa zur selben Zeit die Bewohner von Stein wegen der Wölfe am Sonntag in Gruppen und bewaffnet zur Kirche. Infolge Wallensteins Lager war die Gegend völlig zerstört. Das Land wurde nicht mehr bebaut und die Bevölkerungszahl betrug nur noch ein Drittel der ursprünglichen.[24]

Neben diesen mehr allgemein gehaltenen Berichten gibt es auch solche, die von besonders dreistem Verhalten der Wölfe künden, etwa dass sie in Gehöfte, Dörfer und Städte eingedrungen seien, dort Haustiere angefallen und sogar Kinder bedroht haben: Im Jahr 1645 sind fünf Wölfe bis zu den Bleichhäusern der Stadt Hof gekommen und haben dort den Esel des Kapellmüllers bis auf die Knochen gefressen. Im Dezember 1649 liefen Dreier- oder Vierergruppen von Wölfen in die Dörfer und trugen die Hunde von den Ketten weg.[25]

Am Ende des Krieges hatte ganz Deutschland um etwa 40 Prozent weniger Einwohner. Die Landwirtschaft lag überall darnieder. So konnten sich die Wölfe vermutlich wieder stärker in Lebensräume ausbreiten, aus denen sie vorher vertrieben worden waren. Es gab allenthalben unbestattete oder nur notdürftig vergrabene Leichen, und die Wölfe mögen sich daran gewöhnt haben, diese gegebenenfalls auszugraben und zu fressen. Auf diese Weise kamen sie mit Menschen in Kontakt. Und so haben sie wohl auch einen Teil ihrer großen Scheu vor dem Menschen verloren, so dass sie, wenn sie hungrig waren, auch Gehöfte und Dörfer aufgesucht und sich Haustiere als Opfer gesucht haben mögen. Oftmals dürften jedoch auch die kriegsbedingt herrenlosen, streunenden und hungrigen Hunde mit Wölfen verwechselt worden sein, so dass diesen Untaten zugeschrieben wurden, die sie nicht begangen hatten.

Horrorberichte

Frühe Berichte über Überfälle von Wölfen auf Menschen sind selten. 1271 sollen Unmengen an Wölfen aus den böhmischen Wäldern gekommen sein und in wenigen Tagen in der Gegend von Würzburg 30 Menschen getötet haben.[26]

Gegen Ende des Dreißigjährigen Krieges werden besonders verabscheuungswürdige Verbrechen der Wölfe notiert, beispielsweise: „1642 raubte ein Wolf in Vordorf bei Wunsiedel den achtjährigen Knaben eines Landwirts, als das Kind am Fuße des Schneeberges Beeren zupfte. Die Bauern verjagten das Tier mit Dreschflegeln und Sensen, aber es war zu spät, man fand nur noch den Kopf und die Beine des Kindes. 1645 schleppten die Wölfe im Wunsiedler Gebiet zwei Bauernkinder von den Gehöften weg und zerrissen sie."[27]

Glaubt man den zahlreichen Berichten, haben sich die Wölfe ab der Mitte des 17. Jahrhunderts vollends in Monster verwandelt.

Beispiele für grausame Mordtaten der Wölfe ab der Mitte des 17. Jahrhunderts:

Aus der Sterbematrikel von Weiding bei Schönsee (Landkreis Schwandorf): „Anno 1677 den 15. July ist zu Erden bestatigt worden des Hanns Wirnshofer Söhnlein Namens Sebastian seines Alters bey 4 Jahren, welches von dem Unzifer Wolf bissen worden, wie auch an diesem Tag einen Jungen in der Hannesrieth bey 14 Jahren gleich todt befunden.
Anno 1679 den 24. July ist zur Erden bestatigt worden des Michael Pernclo deß Jüngeren ein Söhnlein Hannß Michael, seines Alters 42 Wochen, welches die Mutter mit sich in die Schwarzbir (Heidelbeeren) genommen, indessen ein Unzifer, der Wolf, kommen, uder anderen kleinen Kindern herausgenommen und damit entsprungen und gefressen bis auf den Corpus, die Füß von oben hinauf, das Ingeweid und das Herz ganz, neben ein Handt vom rechten Arm.
Anno 1679 den 6. August ist zur Erden bestatigt worden des Martin Raigers Söhnlein Johannes seines Alters 3 Jahr, welchen das Unzifer der Wolf zu todt gebissen.
Anno 1680 den 17. Oktober ist zur Erden bestatigt worden des Andreas Stengels der Zeit auf der Schönauer Glashütten ein Söhnlein Namens Friedrich alters 5 Jahre, welches durch den Unzifer Wolf gebissen und in einer Stund danach verschieden."[28]

Im Bayerischen Wald um etwa 1680: „Aus jener Zeit stammt auch die Geschichte vom Kesselflicker aus Bischofsmais, die der Heimatschriftsteller Paul Friedl überliefert hat. Der Kesselflicker war in Greising im Wirtshaus beim Kartenspielen hängengeblieben, wurde bei seinem Aufbruch zur Nachtzeit noch vor den Wölfen gewarnt, scherte sich wenig darum und machte sich auf den Heimweg. Am anderen Morgen machte man im Wald einen grauenhaften Fund: Im rotgefärbten Schnee lagen die langen Stiefel des Kesselflickers und darin steckten noch die unterhalb der Knie abgebissenen Beine."[29]

In der Gegend von Schwandorf: Der Pfleger von Obermurach, Christoph von Mukhenthal schickte 1678 an die kurfürstliche Regierung in Amberg einen Bericht: Am 15. Juni überfiel ein Wolf bei Teunz einen neunjährigen Knaben, der einige Tage später an seinen Bißwunden starb. Am 10. September attackierte ein Wolf bei Gartenried ein Mädchen und einen Knaben, die Ochsen hüteten. Sie vertrieben den Wolf mit einem Stock, aber dieser lief auf die gegenüberliegende Weide und griff dort einen dreijährigen Knaben an, der dort mit zwei anderen Knaben Geißen hütete. Mit dem Dreijährigen im Maul verschwand der Wolf im Wald. Das Kind wurde später zerfleischt aufgefunden. Der Pfleger merkte an, dass der Wolf besonders groß gewesen sei, abscheulich ausgesehen habe und es sich folglich möglicherweise um einen Abgesandten eines bösen Geistes gehandelt habe. Die Regierung wies daraufhin Christoph von Mukhenthal an, bewaffnete Leute auf Streife zu schicken, das Auftauchen eines Wolfs jeweils mit Glockenzeichen vom nächstliegenden Kirchturm zu melden und die Leute anzuhalten, geweihte Sachen bei sich zu tragen, falls es sich etwa um unnatürliche Wölfe handeln sollte. Im Januar 1679 erlegte der Jäger des Fürsten von Schönsee einen Wolf, in dessen Magen sich mehrere Haarzöpfe von Frauen, ein Lederbeutel mit Silbermünzen, Kinderknochen und ein rotes Haarband befanden. Die Wölfin, die der Jäger Georg Glaser am 13. Juni 1679 bei Schneeberg erlegte, hatte kurz zuvor auf einem Bauernhof in Niesaß/Gemeinde Lauterhofen im Landkreis Neumarkt in der Oberpfalz, ein zweijähriges Kind gefressen, dessen Teile sich noch im Magen der Wölfin befanden. Der Vater des Kindes legte sie in einen Sarg und bestattete so das Kind.[30]

Wolfsjagd mit Netzen. Kupferstich von Johann Elias Ridinger, 1729. Die hilflos in den Netzen hängenden Tiere wurden erschlagen oder lebendig gefangen.

An Altmühl und Donau: Im Januar 1729 war es ungewöhnlich kalt. Die hungrigen Wölfe trieben sich auf der Landstraße herum und fraßen bei Enkering/Markt Kinding im Landkreis Eichstätt, einen Metzger, bei Vohburg/Landkreis Pfaffenhofen an der Ilm, einen Studenten.[31]

Genug des Horrors. Wölfe als Frauenschänder, Kinderfresser und Mörder ehrbarer Leute? Diese Etiketten sind nicht unbekannt, werden sie doch gern Einzelnen oder Gruppen umgehängt, die man als Sündenböcke braucht oder die man loshaben möchte. Mit den Geschichten über schier unglaubliche Untaten wird das Gewissen entlastet: Wer so Furchtbares tut, kann nur ein Abgesandter der Hölle sein, gegen den mit allen Mitteln vorzugehen Christenpflicht ist. Für wen war der Wolf Sündenbock und wer wollte ihn aus welchen Gründen loshaben?

Der Wolf – ein übler Feind der Bauern oder ein lästiger Konkurrent der Fürsten?

Immer wieder liest man, dass die Wölfe der armen Bevölkerung so unendlich zugesetzt hätten. Warum war diese dann gar nicht so begierig, sich an Jagd und Ausrottung zu beteiligen? Warum war es dann nötig, die Bauern mit Androhungen und Vollzug von Strafen zur Wolfsjagd zu zwingen?

Fürstbistum Würzburg: In den Jagdverordnungen werden auch die Bewohner des Spessarts aufgeboten, um bei der Ausrottung des Wolfs tatkräftig mitzuwirken. Wer sich dem Gebot widersetzt, wird bestraft. Trotzdem versuchen die Bauern, sich mit allen möglichen Ausflüchten der Rekrutierung zu entziehen.[32] Im Februar 1654 werden Einwohner von Burggrumbach (Gemeinde Unterpleichfeld, Landkreis Würzburg) bestraft, weil sie bei einer der Wolfsjagden, die im Bereich des Fürstbistums Würzburg stattfinden, auf und davon gegangen sind.[33]

Kurfürstentum und Erzbistum Mainz: In einer Bußordnung vom 5.11.1744 heißt es: „Wer aber auf dem Wolffs-Jagen ausbleibet, soll des Tags 15 alb. die Zuspäthkommende und zu frühe ablauffen 7½ alb. erlegen.“[34]

Hochstift Eichstätt: In Verordnungen von 1694 und 1695 wird die

Ausführung der Hand- und Spanndienste der Bauern geregelt. Unter anderem heißt es, dass die Bauern für den fürstbischöflichen Hof ohne Bezahlung Fahrten auszuführen haben, dabei jedoch keine Jagd- oder Gäuwagen benutzen dürfen, außer bei der Wolfsjagd.[35] Wollte man mit solchen Zugeständnissen die Wolfsjagd attraktiver machen?

Kurfürstentum Bayern: Um 1640 beschwerten sich im Rottenburger Gericht einige Obleute der Bauern, dass sie das Wolfgjaid tragen müssten, dass ihnen die Jagden zu spät angekündigt würden und sie noch dafür zu zahlen hätten. 1650 beschwerten sich die Bauern selbst, dass sie nach Ergoldsbach auf die Wolfsjagd müssten, während ihren Häusern daheim Schaden durch marodierende Soldaten drohe, ferner dass die Förster ihre Pferde zuschanden ritten und dass sie, falls sie kein Pferd stellten, gar einen Gulden pro Tag zahlen müssten.[36] Auf einer Gemeinderechnung von Bayersoien vom Jahre 1805 findet sich die Eintragung: „1805 am 6. Oktober ist der Josl gestraft worden, wegen denen Wolfsjagden, da er nicht erschienen ist mit 24 Kreuzer.“[37]

Die Vermutung drängt sich auf, dass die Bauern nicht in erster Linie unter den Wölfen litten, sondern unter den Abgaben und Diensten für die Fürsten und sicher auch unter den für die Jagd gehegten Rehen, Hirschen und Wildschweinen.

Prunkvolle Hofjagden der absolutistischen Fürsten

Sicher nicht zufällig beginnt die Ausrottung des Wolfs mit der Entfaltung absolutistischer Fürstentümer auch in Bayern. Im Absolutismus kommt dem Fürsten die unbeschränkte Staatsgewalt zu, an der keine ständischen Institutionen mehr beteiligt sind.

Der Sonnenkönig Ludwig XIV. von Frankreich und seine Hofhaltung in Versailles wurden nach dem Dreißigjährigen Krieg zum Vorbild in Europa. Macht und Herrschaft demonstrierten absolutistische Fürsten nicht nur in verschwenderischer Lebensführung und prachtvollen Bauwerken, sondern auch in Jagden, wie es sie zuvor nicht gegeben hatte.

Fürstbischof Franz Ludwig von Eichstätt veranstaltete um Mariä Himmelfahrt (15. August) 1730 herum eine fünftägige Hofjagd bei Greding. Die Beute: 170 Hirsche, 91 Stück Wildbret (weibliche Tiere), 23 Rehe, 81 Eber, 204 Hasen, 2 Wölfe, 19 Füchse, 2 Dachse.[38]

Fürstbistum Passau: In den zum Fürstbistum Passau gehörenden Wäldern um Hauzenberg sollen 1680 laut dem Bericht eines Oberjägermeisters erjagt worden sein: „155 Hirsche, 41 Hirschkühe und Jungtiere, 57 Rehböcke, 5 Wildschweine, 3 Luchse, 6 Wölfe, 2 Bären, 83 Füchse, 10 Marder, 5 Iltisse, 20 Dachse, 14 Fischotter. Jedoch scheinen diese Zahlen, wenn sie auch nur für die unmittelbaren Hofjagden gemeint sind, viel zu niedrig gegriffen zu sein. Man vermutet, daß mit diesen verhältnismäßig bescheidenen Zahlen die vielfachen Klagen der Bauern über große Wildschäden widerlegt werden sollten.“[39]

Der Fürstbischof von Würzburg: 1732 standen bei ihm 140 Personen im Sold, die nur für die Jagden zuständig waren. Der hohe Wildbestand, den die Fürstbischöfe hegen ließen, schädigte die Bauern.[40]

Der Kurfürst von Mainz: ließ in seinen Revieren, zu denen auch Gebiete im heutigen Unterfranken gehörten, um 1780 herum einen hohen Wildbestand halten: 684 Stück Rotwild, 560 Stück Rehwild, 800 Stück Schwarzwild. Im Spessart mussten die Schäfereien als Entgelt für Schutzmaßnahmen alle drei Jahre die so genannten *Wildhämmel* an den Kurfürsten von Mainz entrichten. Diese Abgabe ging an die Rechtsnachfolger des Kurfürstentums über und bestand noch bis gegen Ende des 19. Jahrhunderts, als der Wolf im Spessart längst ausgerottet war.[41]

Bei der großen Bedeutung der Jagd für das Selbstverständnis der absolutistischen Herren verwundert nicht, dass unnachsichtig gegen Wilderer vorgegangen wurde:

„Wie sehr man damals auf einheitlich geschlossene Jagdgebiete Gewicht legte, zeigt der Vertrag des Kardinalfürstbischofs Johann Philipp Grafen von Lamberg, der in einem 1690 mit dem Kurfürsten von Bayern abgeschlossenen Vertrage sich ausdrücklich die hohe und niedere Jagd in der bayerischen Grafschaft Hals übertragen ließ. Nicht weniger sind die zahlreichen und scharfen fürstlichen Erlasse gegen Wildfrevel Zeugen der Weidlust der Fürstbischöfe. An Wilderern hat es sonach niemals gemangelt. Alle Sagen des Bayerwaldes melden von heimlich auftretenden nächtlichen Gesellen, welche ihre verbotene Lust an Hirsch und Sau, Huchen und Auerhahn gesühnt im Burgverließ von Fürsteneck, Wolfstein, Rannariedl und wie die festen Pfleg- und Jagdburgen alle heißen mochten. In der Serenissimuszeit hielt ein ganzer Stab von Beamten die fürstliche Jagd in sorgsamer Hut und Pflege: ein Oberstjägermeister, ein Forst- und Waldmeister mit einem Kanzelisten, vier Oberjägermeisterbeamte, drei Waldmeister (Neuburg, Wolfstein, Wollaberg), drei Oberjäger (Neuburg, Rannariedl, Jandelsbrunn), elf Jäger. Der Oberstjägermeister war immer ein Adeliger; der letzte war Anton Maria Reichsgraf zu Wolkenstein.“[42]

Franz Poschinger, Glashüttenbesitzer in Frauenau im Landkreis Regen hat als bemerkenswert aufgezeichnet, dass am 5. Januar 1693 Wölfe einen Sechsender-Hirschen erlegt hatten. Die Wölfe kamen nur zu einem Häppchen, drei oder vier Pfund, denn dann wurden sie verjagt.[43]

1598 berichtet der Pfleger in Linden, dass fünf Wölfe hinter zwei Hirschen her seien. 1602 schreibt Pfleger Hundt in Weißenstein, daß das Rotwild von Wölfen gejagt wird. Die Pfleger wenden sich an den jeweiligen Herrn von Degenberg/Landkreis Straubing-Bogen.[44]

Im Fürstbistum Passau wurde 1694 eine alte Bestimmung bekräftigt: 1256 hatte die Versammlung der Landstände – Geistlichkeit, Ritter, Städte – der so genannte Landtag, beschlossen, dass jeder Ministeriale, der einen Wolf erlegt habe, auch einen Hirsch schießen dürfe.[45]

Die großen Wolfsjagden in der zweiten Hälfte des 17. Jahrhunderts

Den Überlebenskampf in ihrer Heimat hatten die Wölfe um die Zeit, als die *Letzten* erlegt wurden, bereits gekämpft und verloren. Die Quellen zeigen, daß die Endschlachten überall in Bayern in der zweiten Hälfte des 17. Jahrhunderts stattfanden, in einigen Gegenden bis ins 18. Jahrhundert andauerten. Der massiven Bekämpfung waren die Wölfe schließlich trotz aller Scheu, Vorsicht und Intelligenz nicht gewachsen.

Die verschiedenen Methoden, mit denen Wölfen nachgestellt wurde, hat Johann Wolfgang Baumgartner auf einem Kupferstich dargestellt: Fangen in Netzen, in einer Grube, in einem Springeisen in Halbmondform, mit der Wolfsangel, Austreiben aus dem Bau mit brennender Fackel.

Bei den großen Wolfsjagden wurden die Tiere meist in Netze getrieben. Franz von Kobell berichtet:

„Die Jagden wurden im 16. und 17. Jahrhundert meistens mit Garnen (= Netzen) angestellt, in welche die eingekreisten Wölfe durch Treiber und Hunde unter großem Geschrei und Lärmen von Trommeln gesprengt und von den dabei aufgestellten Leuten mit Prügeln erschlagen oder, wenn man sie lebend haben wollte, mit starken eisernen Zangen am Hals gefaßt und aus den Netzen gezogen wurden. Dann brachte man sie in Kasten und führte sie weiter.“[46]

Man lockte sie mit Ludern auch in mit Palisaden umschlossenes Gelände, so genannte Wolfsgärten, aus denen sie nicht mehr entweichen konnten.

Im Fichtelgebirge gab es bereits in der zweiten Hälfte des 16. Jahrhunderts große Wolfsjagden: 1563 in Berneck/Landkreis Bayreuth, 1576 um Bayreuth und Bischofsgrün/Landkreis Bayreuth, 1601 sowie von November 1602 bis März 1603 im Sechsämterland um Wunsiedel.[47]

Im Fürstbistum Eichstätt hielt man 1653 und 1658 bei Plankstetten in der Gemeinde Berching im Landkreis Neumarkt i.d. Oberpfalz große Wolfsjagden ab, die auch Fürstbischof Marquard II. von Schloß Arnsberg aus besuchte.[48]

1651 wurden die Untertanen des Spitals Eggenfelden zu einer Wolfsjagd verpflichtet.[49]

1677 wurden bei einer Wolfsjagd in der Gegend von Landshut sieben Wölfe gefangen und sieben Wölfe – und ein Luchs – geschossen.[50]

Verschiedene Methoden der Wolfsjagd: Kupferstich von Johann Wolfgang Baumgartner (1712–1761).

Auch im Ries wurden die Wölfe gejagt: „1696 zeigten sich die Wölfe in solcher Menge, daß der Oettingische Landeshauptmann und Forstinspektor Wodroff eigene Jagden auf sie veranstalten mußte.“[51]

Aus den Rechnungen des Rentamts Dillingen geht hervor, dass 1653 und 1654 in der Gegend von Dillingen (Hochstift Augsburg) große Wolfsjagden abgehalten wurden. An diesen Jagden beteiligten sich auch Jäger von außerhalb des Hochstifts. 1654 lieferte der Jäger Gabriel Hann von Weisingen zehn Wölfe nach Augsburg und erhielt für jeden drei Gulden. „Bei den erwähnten größeren Wolfsjagden der Jahre 1653 und 1654 (solche wurden dazumal auch in anderen Gegenden des Bayerlandes abgehalten) scheinen die Wölfe so ziemlich ausgerottet worden zu sein. Jedenfalls finden sich in den folgenden Jahrgängen unserer Quelle keine weiteren Einträge über erlegte Wölfe oder Wolfsjagden.“[52]

Die Vermutung, dass durch die großen Wolfsjagden in der Mitte und der zweiten Hälfte des 17. Jahrhunderts die Wölfe in Bayern bis auf geringe Reste ausgerottet worden sind, wird auch durch die Aufzeichnungen des Forstamts Rötz und die Rechnungen des Münchner Obristjägermeisteramtes, das weite Teile Oberbayerns, dazu Teile Niederbayerns und Schwabens umfasste, gestützt.[53]

Forstamt Rötz (Landkreis Cham)

Zeitraum	Im Jahresdurchschnitt erlegte Wölfe
1643	16
1644 – 1646	28
1660 – 1668	17
1673 – 1728	15

Die Jagden des Münchner Obristjägermeisteramts waren sehr aufwändig. Eine große Anzahl an Treibern – Jagd- und Forstpersonal, Bauern, Bürger – trieben die Tiere in aufgestellte Netze. Die Sammelplätze für die an der Jagd beteiligten Personen hießen Feuerstätten. Sie befanden sich in Höhenkirchen, Gauting, Isareck, Warngau, Schöngeising, Kaufering, Aichach, Schwabhausen, Hohenkammer, Geisenfeld, Natternberg,

Münchner Obristjägermeisteramt

Zeitraum	Im Jahresdurchschnitt erlegte Wölfe
bis 1613	vorgesehene Rubrik jeweils leer
1614 – 1635	7
1636 – 1663	67
1669 – 1671	35
1680 – 1684	18

Hienheim, Langquaid. Von 1625 bis 1630 fanden die Jagden insbesondere im Zeller Wald um Dietramszell statt. Um vor der Jagd festzustellen, wo sich die Tiere befanden, wurden sie geludert, das heißt, es wurde Fleisch ausgelegt. Die in die Netze getriebenen Wölfe wurden erschossen oder erschlagen. Es kam bei diesen Jagden allerdings auch vor, dass der ganze Aufwand umsonst war, weil sich die grauen Jäger verdrückt hatten. Die Strecke von 116 Wölfen im Jahr 1645 kostete die Staatskasse 3088 Gulden. Der Kurfürst hat an diesen Jagden nie teilgenommen.

Die Einzelbekämpfung

Vor, neben und nach diesen großen Schlachten hat man die Wölfe auch einzeln bekämpft. Sie wurden vergiftet, erschossen, in Fallen und in Gruben gefangen, als Welpen aus dem Bau geholt. Eine besonders grausame Methode der Wolfsbekämpfung waren die so genannten Wolfsangeln: Metallvorrichtungen, deren ein, zwei, drei oder mehr Haken meist mit Widerhaken versehen waren, wurden mit einem Köder bestückt und in Sprunghöhe der Wölfe in Bäume gehängt. Schnappte der heranspringende Wolf nach dem Köder, wurden die Haken heruntergezogen und auseinander gespreizt, so dass sie im Rachen des Wolfs steckenblieben. Dieser starb nun hilflos an der Angel hängend einen qualvollen Tod, wenn er nicht das Glück hatte, zuvor totgeschlagen oder -geschossen zu werden. Das Deutsche Jagd- und Fischereimuseum in München hat zwei Wolfsangeln in seinen Beständen. Die eine (Nr. 3300) stammt aus dem Mittelalter

Eine besonders grausame Tötungsart: Wolfsangeln. Kupferstich, 1811.

und besteht aus einer viergliedrigen Eisenkette mit sichelförmiger Aufhängevorrichtung und starrer Angel. Die zweite Wolfsangel (Nr. 3301) wird ins 16. oder 17. Jahrhundert datiert. Bei ihr handelt es sich um einen triangelförmigen Körper mit einem Aufhängering und drei pfeilförmigen und ausspreizend gefederten Haken. Viele adelige Geschlechter in Mitteleuropa führten stilisierte Wolfsangeln im Wappen.

Noch 1578 durften offenbar im Herzogtum Bayern Bauern und Bürger nicht Jagd auf den Wolf machen, wie aus einem Akt des Münchener Hauptstaatsarchivs hervorgeht. Ulrich Wander, der Müller der Riedmühle in Viechtach/Landkreis Regen, berichtete an die Regierung, dass sein Hund von einem Wolf weggetragen worden sei. Er, Ulrich Wander, habe darauf den Wolf mit einem Köder angelockt und erschossen. Der Rat der Stadt Viechtach habe ihm nur das Wolfsfleisch gelassen, die Wolfshaut aber abgenommen. Die wolle er nun wieder haben. Die Regierung stellte die Rechtslage fest: Die Viechtacher Bürger dürfen nur die niedere Jagd, also den Reißwildbann ausüben. Der Wolf gehört zum Hochwildbann. Entsprechend dem Regierungsbescheid durfte daher auch der Stadtrat die Wolfshaut nicht behalten, sondern er musste sie an den Landrichter ausliefern. Der Rat forderte vier Gulden Entschädigung, erhielt aber nur einen. Leer aus ging der Müller, der weder Haut noch Entschädigung bekam und noch froh sein mußte, daß er ohne Strafe davonkam.[54]

In der Zeit kurz nach dem Dreißigjährigen Krieg war offenbar das Elend so groß, dass man Wölfe sogar als Nahrung verwendete: Am 21. Januar 1650 hat Hans Keil, der Jägerjunge vom Kloster Rohr (Landkreis Kelheim) einen Wolf geschossen. Einen Teil davon hat er selbst gegessen, den anderen dem Schulmeister und Organisten Dionys Hagen und seinen Kindern gegeben.[55]

Prämien als Anreiz

Häufig wurden Prämien für gefangene oder erlegte Wölfe bezahlt, was den Jagdeifer vermutlich gefördert hat. Die Stadt Lohr, Landkreis Main/Spessart, zahlte schon im 15. Jahrhundert für die Erlegung von Bären und Wölfen.[56] Aus den Rechnungen des Rentamts Dillingen geht hervor, dass die Wölfe zunächst einzeln geschossen oder in Fallen gefangen wurden. So gelang dem Dillinger Küchenschützen Hans Müller 1647 und 1648 je ein Abschuß, für die er auf Befehl des Fürstbischofs 11 Gulden erhielt. Dem Hofgärtner Hans Sailer wurden für zwei in einer Falle gefangene Wölfe drei Gulden bezahlt.[57] 1654 verlautbarte der Markgraf von Bayreuth, daß jedermann Wölfe schießen dürfe und dass jeder, der einen Wolf mit unversehrtem Gebiß einliefere einen Taler Schußgeld erhalten solle. 1658 wurde eine Wolfsteuer für Wolfsbekämpfungsmaßnahmen erhoben, was vermutlich weniger populär war.[58] Markgraf Friedrich von Bayreuth bezog sich 1710 auf markgräfliche Anweisungen von 1650, 1651, 1654 und 1659 und verfügte, dass Wildmeister, Streifer und Förster jährlich eine bestimmte Anzahl Wölfe zu töten, also zu schießen oder in Gruben zu fangen hätten. Die Wolfsjäger durften die Felle behalten und erhielten pro Wolf 1½ Taler. Die gleiche Summe wurde vom Lohn abgezogen, wenn die festgelegte Zahl nicht erreicht wurde.[59] Dem Landschaftskanzler Freiherr Wilhelm von Herwart in München wurde zu Winterbeginn 1667 gemeldet, dass sich im Isarwinkel Wölfe in der Nähe der Siedlungen herumtrieben. Er schickte daraufhin Fangwerkzeuge. Die Wölfe waren aber schlau genug, um diese Fallen häufig einen Bogen zu machen, wie der Richter von Hohenburg vermerkte. Aus den Gemeinderechnungen des Marktarchivs Garmisch geht hervor, daß ab 1602 Geldpreise für erlegte Wölfe bezahlt wurden, bis 1783 nur an einheimische, von 1783 bis 1804 nur an fremde Jäger. Ab 1642 gab es auch Prämien für außerhalb der Gemarkung erlegte Wölfe.Von 1602 bis 1749 (letzter Wolf der Gemarkung) wurden 49 Wölfe erlegt.[60]

Lebendig gefangene Wölfe

Auch lebendig wurden Wölfe gefangen. Meist handelte es sich um Welpen, aber nicht selten auch um erwachsene Wölfe. Um ihr Schicksal waren diese Tiere sicher nicht zu beneiden.

1557 fing der Schäfer von Ipsheim, Landkreis Neustadt a.d. Aisch Bad Windsheim, zwei Wölfe im Schafspferch. 1570 hob ein Förster von Burgbernheim, im selben Landkreis, vier, ein Förster von Ipsheim sechs und ein Förster des Baierdorfer Distrikts drei junge Wölfe aus.[61] Das Jagdregister Herzogs Wilhelms IV. aus dem Jahr 1545 verzeichnet, dass Jägermeister Wastian aus Geisenfeld im Landkreis Pfaffenhofen a.d. Ilm im Feilenforst drei Wölfe gefangen und nach München geliefert hat.[62] 1649 fand ein Bauernknecht im Gericht Dachau sechs Jungwölfe und transportierte sie nach München in die Residenz, wo sie der Kurfürst besichtigte. 1645 brachte ein Wildhüter zwei bei Grafrath gefangene Welpen in die Residenz. Eines der unglücklichen Tiere wurde von den beiden Prinzen Ferdinand Maria und Max Philipp mit Balestern, das sind Armbruste zum Abschießen von Kugeln, erschossen. 1646 schossen die Prinzen vier junge Wölfe tot, die von Wangen nach München in die Residenz gebracht worden waren. 1670 mußten Gautinger Bauern zwei in einer Truhe gefangene Wölfe bewachen, die dem Kurfürsten nach München in die Residenz „zum Hözen" geliefert wurden. Die kurfürstliche Hauskämmerei zahlte Prämien für Wolfshäute. Diese wurden insbesondere für die Ausrüstung des Militärs verwendet. Der Schäfer von Engelmannsberg fing 1658 zusammen mit seinen Hunden einen Wolf und erschlug ihn. Bei Aichach und bei Dietfurt im heutigen Landkreis Weißenburg-Gunzenhausen sollen in der Sonne schlafende Wölfe 1648, 1649 und 1658 mit einer Hacke tot geschlagen worden sein. Ingolstädter Fischer erschlugen 1651 bei Hochwasser einen Wolf, zwei Bauern 1649 mit Zaunstecken einen bei Aresing im Landkreis Neuburg-Schrobenhausen.[63]

1661 fand ein Mann bei Wörnitzstein/Gemeinde Donauwörth, Landkreis Donau-Ries, vier junge Wölfe. Zwei wurden erschlagen, einer lebendig gefangen, einer entkam.[64]

Spätes Jagdglück

Einzelbekämpfung gab es auch noch, als Wölfe selten geworden waren. Der Forstmeister von Weiden, v. Albrecht, berichtete, daß im November 1747 zwei Wölfe in Wolfseisen gefangen wurden. Am 15.1.1748 beauftragte die Regierung in Sulzbach das Landrichteramt Parkstein, den Schäfern vier Wochen lang die Wolfsjagd zu erlauben und für jeden Wolf ein Schußgeld zu bezahlen. Am 15.1.1748 wurden im Parksteiner Wald zwei Wölfe geschossen, am 18.1. im Manteler Forst ein alter Wolf und am 19.1. eine Wölfin, die ein Stück Rotwild gerissen hatte. Forstmeister v. Albrecht schätzte, daß noch 5 oder 6 Wölfe im Forstbezirk seien. Die Regierung ordnete am 19.2.1748 an, dass die Schäfer weiterhin Wölfe fangen und schießen dürften. Am 7.3.1748 meldet v. Albrecht an die Regierung, daß zwei weitere Wölfe in Wolfseisen gefangen worden und die Wölfe nunmehr im Bezirk ausgerottet seien. Aber schon im nächsten Jahr hatte Herr v. Albrecht wieder mit Wölfen zu tun.[65] 1776 beantragte Thomas Ruf die Errichtung einer Fallmeisterei bei Wülfersreuth/ Gemeinde Bischofsgrün im Landkreis Bayreuth. Er schrieb, dass er auch Luderstellen für Wölfe unterhalten wolle.[66]

1782 hieß es in einer Verordnung an den Statthalter von Ingolstadt, Graf Pappenheim: „Ebenfahls soll er nicht allein die Wolf, wann sich dergleichen in diesen Gnaden Jagdts gezürk befinden werden nach Möglichkeit ausreitten helfen ... .“[67]

Bilder als Spuren

Machtsymbol, Teufelstier, Hoffnungsträger

Früh in der Menschheitsgeschichte haben sich Bedürfnis und Fähigkeit entwickelt, die Um- und Mitwelt abzubilden, sie dabei zu deuten, zu beschwören, anderen etwas über sie mitzuteilen oder sich selbst zu ihr in Beziehung zu setzen. Tiere sind zu allen Zeiten entsprechend ihrer großen praktischen und symbolhaften Bedeutung für den Menschen besonders häufig im Bild dargestellt worden. Wolfsbilder gibt es nicht nur in der bildenden Kunst, sondern auch als Sinnbilder, etwa auf privaten und öffentlichen Wappen, auf Abzeichen von Gemeinschaften und als Firmenzeichen, als Gebildgebäck- und als Spielzeug.

BILDENDE KUNST

Im Vergleich zu bestimmten Fabeltieren wie Greif und Drache, verschiedenen realen Tieren wie Löwe, Adler, Taube, Schlange und insbesondere verschiedenen Haustieren kommt der Wolf in der bildenden Kunst eher selten vor.

Vor- und frühgeschichtliche Kunst

Es gibt in Bayern nur eine einzige Wolfsdarstellung aus vor- und frühgeschichtlicher Zeit[1]:

Den Tierfries auf der Linsenflasche von Matzhausen. Die Linsenflasche – der Name dieser Flaschenform leitet sich von dem linsenförmig flachen Bauch ab – ist zwischen 400 und 350 v.Chr. entstanden. Auf der Schulter der Tonflasche aus der frühen Latènezeit sind vier Paare – jeweils Männchen und Weibchen – von Wildtieren (Hirsch, Wildschwein, Reh, Auerhuhn oder anderer Vogel) eingeritzt, dazu ein Wolf (eventuell auch Hund), der einen Hasen verfolgt. Thrakisch-skythischer Einfluss wird nicht ausgeschlossen. „Aber auch diese Zeichnung von einiger Könnerschaft, übrigens die einzige ihrer Art, ist selbständig im Lande entworfen und ausgeführt worden. Als Vorlage haben Tierfriese auf bemalten korinthischen und rhodischen Tonkannen gedient, die aus dem Lande selbst nicht bekannt sind. Die Bildmotive gehen bis ins 7. Jahrhundert zurück und kennzeichnen gerade in Matzhausen einen sehr typischen Zug des keltischen Kunsthandwerks, nämlich das Beharren auf altertümlichen Motiven aus der antiken Welt in eigentümlich umgesetzten Darstellungsweisen.“[2]

Der Fundort Matzhausen existiert nicht mehr, er befand sich auf dem Gelände des heutigen Truppenübungsplatzes Hohenfels-Nainhof, Landkreis Neumarkt i.d. Oberpfalz.

Romanische Tierplastik

Eher ratlos stehen wir heute vor der Fülle von Tieren, die als Skulpturen romanische Kirchen und Kreuzgänge nicht nur in Deutschland sondern in ganz Europa bevölkern. Die romanische Tierornamentik erlebte ihre höchste Blüte in der Zeit zwischen 1050 und 1230. Die Zeitgenossen, viele des Lesens unkundig, haben diese Bildersprache vermutlich verstanden, uns Heutigen fehlt meist der Zugang, wie die bisweilen platten Deutungsversuche mancher Autoren zeigen. In vorchristlichen Glaubenswelten waren Tiere Ausdruck göttlichen Wesens und Verbindung zur jenseitigen Welt. Mit dieser Vorstellung – einem Menschheitserbe – hatte sich auch das Christentum gerade im Früh- und noch im Hochmittelalter auseinanderzusetzen. Im Volksglauben

Die keltische Linsenflasche von Matzhausen zeigt die einzige vor- und frühgeschichtliche Wolfsdarstellung in Bayern.

spielten Tiere noch lange Zeit eine wichtige Rolle; dies zeigen unsere Sagen und Märchen, aber auch manche christliche Legenden.

Flachrelief in der Pfarrkirche von Gars am Inn (Landkreis Mühldorf)

In der Pfarrkirche von Gars am Inn mit dem Patrozinium Mariä Himmelfahrt und St. Radegund befindet sich an einer Wand der Taufkapelle ein eingemauertes romanisches Flachrelief – 30 Zentimeter hoch und 58 Zentimeter lang – aus Sandstein, das in das 12. Jahrhundert datiert wird.[3] Ursprünglich soll es sich am Turm befunden haben. Neben einem Menschenkopf mit abgeschnittenem rechtem Ohr sieht man links einen Wolf (oder Hund), der das Ohr im Maul trägt, rechts ein Schlingmotiv. Kopfdarstellung, Schlingmotiv und ursprüngliche Lage am Turm legen nahe, dass das Relief Bösem den Eintritt in das Gotteshaus verwehren sollte.

Vielleicht ist es kein Zufall, dass sich das Wolfsrelief in einer Kirche befindet, die auch der heiligen Radegundis geweiht ist. Damit ist nicht die schwäbische Magd Radegundis gemeint, von der weiter unten die Rede sein wird, sondern die Königin Radegundis. Sie lebte im 6. Jahrhundert und war eine thüringische Prinzessin, die gegen ihren Willen mit dem Frankenkönig Chlothar I. verheiratet wurde. Sie gründete in Poitiers ein Frauenkloster und pflegte wie die schwäbische Radegundis Arme, Kranke und Aussätzige. Oft wird sie mit zwei Wölfen dargestellt, weil ihr die wilden Tiere gehorcht haben sollen.

Flachrelief im Kreuzgang von St. Zeno in Bad Reichenhall (Landkreis Berchtesgadener Land)

Der Kreuzgang der Stiftskirche von St. Zeno ist kurz vor 1200 entstanden. In der Mitte des Westflügels steht ein eingemauerter, über einen Meter hoher Quaderstein. Die Außenseite des Steins trägt ein Hochrelief Kaiser Friedrichs I., die Innenseite ein Flachrelief, das die Fabel von Wolf und Kranich darstellt.

Diese auf Aesop zurückgehende Fabel wurde in der romanischen Bauornamentik besonders häufig dargestellt. Sie erzählt, dass dem Wolf ein Knochen im Hals steckengeblieben war. Niemand konnte ihm helfen und schließlich rief der Wolf den langhalsigen Kranich herbei und bat ihn, den Knochen herauszuziehen. Er versprach ihm reichen Lohn für seinen Dienst. Der Kranich steckte den Hals tief in den Wolfsrachen und holte den Knochen heraus. Den Lohn allerdings verwehrte ihm der Wolf mit der Begründung, es sei Lohn genug, dass er nicht zugebissen habe, als sich der Kranich zwischen seinen Zähnen befand. Außerbayerische plastische Darstellungen der Fabel befinden sich etwa im Kreuzgang des Magdeburger Doms, am Südportal der Kirche von Andernach, im Ostchor des Bonner Münsters, an der Außenwand des Paderborner Doms, an einem Pfeiler des Straßburger Münsters, in Bourges, Autun und Modena.

In St. Zeno steckt der Kranich dem auf den Hinterbeinen stehenden Wolf, der ein höchst eindrucks- und phantasievolles Raubtiergebiss zeigt, den Schnabel in den Rachen. Der Wolf steht auf einem anderen Tier, das ein Fuchs oder ein weiterer Wolf sein könnte. Dieses weitere Tier ist eine nur in der Reichenhaller Fabeldarstellung vorkommende Besonderheit, in allen anderen Darstellungen gibt es nur Wolf und Kranich. Das Tier steht auf allen Vieren und hält den Kopf nach rückwärts gewandt. Im oberen Teil der Reliefs sind zwei Schlingmotive eingefügt. Gerade diese Abwehrsymbole zeigen, dass über die eher vordergründige Allegorie – Warnung vor Verschlagenheit und Undankbarkeit – hinaus auch magische Vorstellungen angesprochen werden.[4]

Quaderstein im romanischen Kreuzgang von St. Zeno in Bad Reichenhall: links Wolf und Kranich, rechts Kaiser Friedrich Barbarossa.

Das Steinepitaph für den Abt Moerlin (†1510) zeigt rechts St. Simpert mit dem Wolf.

Darstellungen der bayerischen „Wolfsheiligen". Simpert, Wolfgang, Radiana

Es gibt zwei Heilige und eine Selige, die in Bayern gelebt und gewirkt haben, in deren Legende ein Wolf oder Wölfe eine Rolle spielen und denen dieses Tier auch in Kunstdarstellungen als Attribut beigegeben ist. (Im nächsten Kapitel werden die Legenden dieser Heiligen in älteren Fassungen vorgestellt.)

Der heilige Simpert
Simpert war Bischof von Augsburg, starb um 807 und ist in der Kirche St. Ulrich und Afra in Augsburg beigesetzt. Die Legende berichtet von einem Wunder, das der Heilige nach seinem Tod vollbracht haben soll und das auch im Mirakelbuch aufgezeichnet wurde: Ein Wolf hatte ein Kind geraubt und brachte es unversehrt wieder zurück, nachdem seine Mutter den Heiligen angerufen hatte.

Steinepitaph für den Abt Moerlin: Das Epitaph für den 1510 gestorbenen Abt Moerlin stammt vom so genannten Meister des Moerlin-Epithaphs, einem namentlich nicht genannten Augsburger Bildhauer. Es ist zwischen 1497 und 1500 entstanden.[5] Simpert ist in pontifikaler Messkleidung dargestellt. Links zu seinen Füßen steht ein recht kleiner Wolf, der ein Kind im Maul trägt.

Deckplatte vom Hochgrab des heiligen Simpert: Die Deckplatte, die sich im Nationalmuseum München befindet, wurde 1492 von Michel Erhart gefertigt.[6] Das Relief zeigt Simpert im Bischofsornat. In der rechten Hand hält er den Bischofsstab, in der linken ein Buch. Seine Füße stehen auf einem kleinen Wolf, der einen nackten Knaben im Maul trägt.

Weitere Beispiele[7] sind eine *Miniatur Holbeins des Älteren* von 1492 aus der Sammlung Dr. Graf Seilern, London, ein *Holzschnitt* von 1520 in der Stadtbibliothek Augsburg und die *Reliquienbüste* Simperts im Schatz von St. Ulrich und Afra.

Der heilige Wolfgang
Der Name dieses Heiligen leitet sich vom Wolf und vom althochdeutschen *ganc* (= Waffengang) ab. Wolfgang wurde nach bewegten Jahren – Domschule in Trier, kaiserliche Kanzlei in Köln, Benediktinermönch in Einsiedeln/Schweiz, Tätigkeit in der Ungarnmission – im Jahre 972 Bischof von Regensburg und blieb es bis zu seinem Tod im Jahre 994. Wegen seiner Reformmaßnahmen und seines sozialen Engagements soll er sich große Verdienste erworben haben. Als der Bayernherzog Heinrich der Zänker sich gegen Kaiser Otto II. erhob, verließ Wolfgang sein Bistum und verbrachte einige Zeit in Kloster Mondsee im Salzkammergut, ehe er wieder nach Regensburg zurückkehrte. Wolfgang wurde in St. Emmeram begraben und bereits 1052 heilig gesprochen.

Zahlreiche Legenden berichten vom Leben dieses Heiligen. In einer von ihnen erscheint – in unglücklicher Rolle – auch der Wolf: Am Abersee, dem heutigen Wolfgangsee im Salzkammergut, ließ sich Wolfgang vom Teufel die Steine für den Kirchenbau herbeischleppen. Als Lohn verlangte der Widersacher den ersten Pilger, der zur Kirche käme. Dieser war ein Wolf, und mit ihm musste der erboste Teufel vorlieb nehmen. Die Szene, wie der Teufel den mit Mantel, Pilgerstab und manchmal auch Jakobsmuschel ausstaffierten Wolf packt, und der Heilige vor seiner Kirche steht und ungerührt zuschaut, ist mehrfach dargestellt.

Relieftafel am Hochaltar der Pfarrkirche St. Michael in Reisbach im Landkreis Dingolfing-Landau: Auf den Flügeln des Hochaltars befinden sich vier Relieftafeln mit Schnitzwerken der Landshuter Schule von 1520/30. Sie werden ebenso wie die anderen Schnitzwerke des Altars dem „Meister der Reisbacher Figuren" zugeschrieben.[8] Eine der vier Tafeln zeigt die Wolfsszene.

Ölbild in der Kirche St. Wolfgang, Gemeinde Altenmarkt an der Alz/Landkreis Traunstein: Die Kirche wurde um 1400 erbaut und um 1720 barockisiert. Eines der vier um 1720 entstandenen Ölbilder zeigt die Wolfsszene.[9]

Holzschnitt im Holzschnittbuch des Landshuter Buchdruckers J. Weyssenburger: Johann Weyssenburger hat

Oben: Relieftafel in der Pfarrkirche St. Michael in Reisbach, 1520/30.

Unten: Holzschnittbuch von Johann Weyssenburger, 1515.

„Die hl. Radiana von Wölfen angefallen". Holzschnitt von Hans Burgkmair, 1521.

1515 ein Buch mit Texten und Holzschnitten zum Leben und zur Legende des heiligen Wolfgang herausgebracht. Zwei inhaltsgleiche, ebenfalls deutsche Neuauflagen sind 1516 und 1522 erschienen, 1516 zudem eine lateinische. Die Holzschnitte sind von hervorragender Qualität, der Künstler ist ebenso wie der Verfasser der Texte unbekannt. Die Wolfsszene kommt im Buch sowohl im Text als auch im Bild vor. Der Holzschnitt zeigt gleich zwei Szenen des Geschehens: wie der Wolf sich als frommer Pilger der Kirche nähert und wie der Teufel mit dem von seinem Pilgermantel umflatterten Wolf durch die Luft davonzieht und dabei auf sein Opfer einschlägt.[10]

Die selige Radiana (Radegundis) Ganz unerfreulich ist auch die Wolfslegende der seligen Radiana. Über ihr Leben ist außerhalb der Legende nichts bekannt. Unbekannt sind auch die Daten ihrer Geburt und ihres Todes; für beides wird das 13. Jahrhundert angenommen.

Die Legende berichtet, dass Radiana als Viehmagd auf Schloss Wellenburg bei Augsburg lebte, sich hingebungsvoll um die Armen und Kranken kümmerte und eines Tages auf dem Heimweg von Wölfen überfallen und so schwer verletzt wurde, dass sie wenige Tage danach auf Schloss Wellenburg starb. Sie wurde in einer nahe bei Wellenburg gelegenen Kapelle bestattet. Bald entwickelte sich eine Wallfahrt.

Um 1520 ließ der aus Augsburg stammende Salzburger Erzbischof, Kardinal Matthäus Lang, eine eigene Kapelle für Radegundis errichten. Anläßlich ihrer Weihe fertigte Jakob Burgkmair im Auftrag des Erzbischofs drei Holzschnitte zur Legende. Als 1810 der Turm einstürzte, wurde die Kapelle abgerissen. Die Gebeine der Seligen überführte man nach Waldburg/Stadt Bobingen, wo sie noch heute in der Pfarrkirche ruhen. Am alten Kultort, dem heutigen zur Stadt Augsburg gehörenden Dorf Radegundis, erinnert eine 1885 erbaute Gedächtniskapelle an die Selige. Radiana wird mit Kamm, Bürste und Eimer und von zwei Wölfen umgeben dargestellt.[11]

„Hirte und Jäger". Holzschnitt von Georg Pencz auf einem Flugblatt, 1531.

Holzschnitt von Hans Burgkmair dem Älteren: Der Holzschnitt ist wie die beiden anderen 1521 entstanden. Radiana hat je einen Wolf zur Rechten und zur Linken. Ihr zu Füßen liegen Bürste und Eimer. Das Wappen Kardinal Langs weist diesen als Auftraggeber aus. Auf den beiden anderen Varianten ist das ikonographische Schema ähnlich.[12]

Beispiele für weitere Radiana-Wölfe-Darstellungen: eine um 1500 entstandene *Holzfigur* aus Dillingen, in Privatbesitz, und 15 *Gemälde* der Radegundislegende, gestiftet 1682 – 1691, in der Kirche von Waldberg/Stadt Bobingen, Landkreis Augsburg.[13]

Holzschnitte in Kampfschriften des Hans Sachs für die Reformation

In diesen Schriften[14] stehen die Wölfe symbolisch für die Würdenträger – Papst, Bischöfe, Äbte – der katholischen Kirche oder sie versinnbildlichen menschliche Eigenschaften.

Titelholzschnitt zu der Schrift „Die Wittenbergisch Nachtigall Die man yetz höret überall"[15]: Die Schrift ist 1523 erschienen. Auf dem Titelholzschnitt ist Luther als Nachtigall auf einem Baum und die Reformation als aufgehende Sonne zu sehen. Die bösen und dummen Widersacher sind unter dem Baum als Wölfe, Schlangen, Löwe und Bock versammelt.

Holzschnitt von Erhard Schön aus der Schrift „Eyn wunderliche Weyssagung von dem Babstumb"[16]:
Die antipäpstliche Kampfschrift wurde 1527 gedruckt. Sie enthält Texte von Andreas Osiander und Hans Sachs. Osiander ließ dafür 30 Holzschnitte anfertigen. Auf einem der Holzschnitte vertraut der Papst das Schwert, das ihm gegeben wurde, um die Frommen zu verteidigen, einem Wolf an.

Holzschnitt „Hirte und Jäger" von Georg Pencz[17]: Auf dem wahrscheinlich 1531 entstandenen Flugblatt illustriert der Holzschnitt die Fabel vom Hirten und dem Wolf. Der Hirte, der dem Wolf ein Versteck gewährt hat, weist den verfolgenden Jäger in die falsche Richtung, blinzelt aber gleichzeitig mit einem Auge zum Wolfsversteck hin. Hans Sachs hat dazu geschrieben: „Ein jeder sech für sich und verperg sich hinter keinem schmeichler."

Tiermalerei und Tierplastik des 17. und 18. Jahrhunderts

Auch wenn in der Tiermalerei und -plastik des 17. und 18. Jahrhunderts die Künstler Wert auf eine möglichst große Realitätsnähe legen, wird doch der Wolf stets als reißende Bestie dargestellt. Diese Rolle musste er in einer Zeit spielen, in der seine Ausrottung betrieben wurde.

„Wolf, Fuchs und Lamm": je ein Gemälde von Christopher Paudiss und von Franz Roesel von Rosenhof.

1666 veranstaltete der Freisinger Fürstbischof Albert Sigismund einen Künstlerwettbewerb. Sein Hofmaler Christopher Paudiss, geboren 1625 in Niedersachsen, gestorben 1666 in Freising, und der Nürnberger Maler Franz Roesel von Rosenhof, geboren 1626 in Wien, gestorben 1799 in Nürnberg, sollten beide dasselbe, vom Fürstbischof vorgegebene Thema bearbeiten: eine Fabel vom Wolf, der ein Lamm gerissen hat, das ihm der Fuchs wieder abnehmen will. Roesel von Rosenhof gewann den Wettbewerb und Paudiss soll sich darüber so gegrämt haben, dass er einige Tage später starb. Beide Bilder sind im Besitz der Bayerischen Staatsgemäldesammlungen und hängen nebeneinander im Diözesanmuseum Freising.

„Auf den 1. Blick beeindrucken Rösels fein gestrichelte Tierhaare, das gefährliche Gebiß des Wolfes, das unschuldige Lamm. Doch wie schon Sandrart bemerkt, ist Paudiß' räumliche Komposition der flachen Aneinanderreihung der Tiere bei Rösel weit überlegen. Paudiß behandelt das Fell summarischer, arbeitet aber dennoch die Unterschiede bei den einzelnen Tieren (verfilzt beim Schaf – locker beim Fuchsschwanz) genau heraus. Ausdrucksstark sind die Tierphysiognomien charakterisiert: der gierige Wolf, der listige Fuchs, der brechende, auf den Betrachter gerichtete Blick des Schafs."[18]

Beispiele für weitere Wolfsdarstellungen auf Gemälden dieser Zeit: *„Wolf mit getötetem Hund" von Roesel von Rosenhof* (Bayerische Staatsgemäldesammlungen München). *„Wolf und Lamm" von Monogrammist A. A.* (Bayerische Staatsgemäldesammlungen München). Der Monogrammist war zwischen 1690 und 1697 tätig. *„Wolf und Lamm" von Konrad Mannlich* (Bayerisches Armeemuseum Ingolstadt). Konrad Mannlich wurde 1701 in Augsburg geboren und ist 1759 in Zweibrücken gestorben. *„Wolfshatze" von einem deutschen Künstler aus dem 18. Jahrhundert* (Bayerische Staatsgemäldesammlungen München).

Drei Porzellanplastiken „Wolfshatze" nach Entwürfen von Dominikus Auliczek
Der Bildhauer Dominikus Auliczek wurde 1734 in Böhmen geboren und ist 1804 in München gestorben.
Die drei Plastiken wurden zwischen 1765 und 1772 in der Porzellan-Manufaktur Nymphenburg gefertigt und tragen die Fabrikationsnummern 135, 136 und 225.[19]

19. Jahrhundert bis zur Gegenwart

Nach der Ausrottung des Wolfs in Bayern tritt in der bildenden Kunst die scheinbar realistische Darstellung des Wolfs als blutrünstiges Untier in den Hintergrund. Beliebt sind aber weiterhin, noch bis ins 20. Jahrhundert, allegorische und märchenhafte Bilder. Im 20. Jahrhundert und bis zur Gegenwart dominiert dann das Bemühen, dem Wesen und der Schönheit des Tiers gerecht zu werden.

Der Fabelwolf Isegrim: *Papier-Holzstich & Typendruck Münchener Bilderbogen Nr. 247 „Herr Isegrimm"*
Die Bilderbogen waren aus dem illustrierten Flugblatt hervorgegangen und enthielten populäre Druckgraphiken mit Bildfolgen und Texten. Sie dienten der Verbreitung von Nachrichten, der Belehrung, Erbauung und Unterhaltung. Besonders beliebt waren im 19. Jahrhundert etwa die Bilderbogen von Nürnberg und München. Die Darstellung Herrn Isegrimms auf dem Bilderbogen knüpft an die Gestalt des „Isegrim" in der Tierfabel an: Der Wolf ist ein wenig dumm, skrupellos und bezahlt seine Untaten mit dem Leben.

„Wolf, Fuchs und Lamm". Mit diesem Gemälde gewann Franz Roesel von Rosenhof 1666 den Künstlerwettbewerb gegen Christopher Paudiss.

Zeichnungen Wilhelm von Kaulbachs als Vorlagen der Stahlstiche für die 1846 erschienene Ausgabe von Johann Wolfgang von Goethes „Reineke Fuchs“
Goethe verfasste das Epos 1794 nach alten Vorlagen, insbesondere dem mittelniederdeutschen satirischen „Reinke de Vos“ von 1498. Die Tiere verkörpern in „Reineke Fuchs“ wie in den Tierfabeln menschliche Charaktere und Untugenden. In zwölf Gesängen werden Reinekes Untaten beschrieben. Während der Fuchs Reineke listig, klug und völlig gewissenlos ist, erscheint der Wolf Isegrim als gierig, aber etwas dumm und sogar eher gutmütig.[20] Wilhelm von Kaulbach wurde 1805 bei Kassel geboren; ab 1863 lebte und arbeitete er in München. Er starb dort 1874 und liegt im Südlichen Friedhof begraben.

„Wolfsbrunnen“ am Kosttor in München von Heinrich Düll und Georg Petzold
Der Brunnen ist 1904 als Werk der Bildhauer Heinrich Düll und Georg Petzold entstanden. Gestiftet wurde er von Adolf und Apollonia Wolf, die damit ihrem Namen ein Denkmal setzen wollten. Hoch oben auf einer Säule aus Treuchtlinger Marmor stehen, von C. Leyrer in Erz gegossen, Rotkäppchen und der Wolf. Säule und Becken, das ebenfalls aus Treuchtlinger Marmor gefertigt ist, sind mit Jugend-

Münchener Bilderbogen, Nr. 247, Ende 19. Jahrhundert.

stilornamenten verziert. Besonders ansprechend sind die Wolfsköpfe am Säulengrund, aus deren Maul Wasser in das Becken fließt.[21]

Holzschnitt „Die Geburt der Wölfe“ von Franz Marc
Der 1913 entstandene Holzschnitt befindet sich in der Staatlichen Graphischen Sammlung in München. Der Maler und Graphiker Franz Marc wurde 1880 in München geboren und ist 1916 bei Verdun gestorben. Er war Mitbegründer der Künstlergruppe „Der Blaue Reiter“ und wurde insbesondere durch seine expressionistischen Tierdarstellungen berühmt. Marc sah in den Tieren die beim Menschen vermissten positiven Eigenschaften verkörpert. Nach seinen eigenen Worten empfand er den Menschen als hässlich, das Tier als schöner und reiner und wollte deshalb die Tiere so darstellen, wie sie sind und wie sie selbst die Welt ansehen.[22]

Kohlezeichnung „Der Werwolf“ von Josef Fruth
Diese Zeichnung ist als Illustration für das 1983 erschienene Buch mit Sagen aus dem Bayerischen Wald, die Reinhard Haller gesammelt hat, entstanden.

„WERWOLF. Manchmal war einer dazwischen, so berichtet die Sage, auf dem von Geburt her ein Fluch lastete. In bestimmten Nächten war er in einen reißenden Wolf verwandelt, halb Mensch, halb Tier, der in Wald und Weide viel Schaden verursachte.“[23]

„Der Werwolf“. Kohlezeichnung von Josef Fruth, 1983.

Unheimlich wirkt der Werwolf der Zeichnung auf den ersten Blick zwar schon, aber der Künstler hat das Grauen aufgelöst, etwa durch die übertrieben blutrünstig heraushängende Zunge und durch die Brille. Josef Fruth wurde am 31.07.1910 in Fürsteneck (Landkreis Freyung-Grafenau) geboren und ist am 21.07.1994 gestorben. Mit seinem expressionistischen Realismus schuf er in Gemälden, Graphiken, Buchillustrationen, Hinterglas- und Wandmalerein phantastische Traumgebilde.

Wolfsgraphiken von Friederike K. van der Kroher
Friederike K. van der Kroher wurde 1952 in Rodach (Landkreis Coburg) geboren. Heute lebt und arbeitet sie als Malerin, Grafikerin und Designerin in Berlin und Coburg. Sie beruft sich in ihrer Auffassung von Tieren und Tierdarstellungen auch auf Franz Marc. Zu ihrer Serie von Wolfsgraphiken – Ölgemälde und Zeichnungen – schreibt sie, dass sie durch die malerische Darstellung des Wolfs für dessen Existenzberechtigung auf der Erde kämpfen wolle.[24]

„W. O. L. F. – Einzelgänger". Pastellkreide von Friederike K. van der Kroher.

SINNBILD IN ÖFFENTLICHEN WAPPEN

Ab dem 12. Jahrhundert gibt es in Europa Wappen. Sie wurden als Erkennungszeichen des voll gerüsteten Kriegers eingeführt und später Abzeichen für Personen, Familien, Körperschaften. Ursprünglich bestand ein Wappen aus der Darstellung von Schild und Helm. In vielen Wappen erscheinen Tiere. Besonders häufige Wappentiere sind Löwe und Adler, auch die ebenfalls als edel erachteten Hirsch, Panther, Pferd, Falke tummeln sich nicht selten auf Wappen.

Einige Wappen zeigen auch das mehr oder weniger stilisierte Bild des Wolfs, der für Stärke, Klugheit und Überlegenheit, vielleicht auch für Familiensinn steht. In *redenden Wappen*, das sind bildliche Darstellungen eines Orts- oder Personennamens, leitet sich der Wolf von einem Menschen mit Wolfsnamen, etwa Wolf, Wolfker oder Wolfrat, ab. Manchmal ist schwierig zu entscheiden, ob das abgebildete Tier ein Wolf, ein Fuchs oder ein Hund ist. Letzterer trägt allerdings oft ein Halsband und erleichtert so dem Betrachter die Zuordnung. Wappenwölfe können als ganzes Tier auftreten oder als Wolfsrumpf, der nur einen mehr oder weniger großen Teil – meist Kopf und Hals – des Vorderkörpers zeigt.

Öffentliche Wappen, also Bezirks- und Landkreiswappen sowie Wappen von Städten, Märkten und Gemeinden, leiten sich nicht nur in Bayern häufig von privaten Wappen ab. Diese gehörten meist Familien, in deren Besitz sich der jeweilige Ort befand oder mit dem sie in sonstiger Weise eng verbunden waren. Nachfolgend werden – ohne Anspruch auf Vollständigkeit – einige öffentliche *Wolfswappen* aus verschiedenen Gebieten Bayerns vorgestellt.

Der Passauer Wolf

Der Passauer Wolf ist ein nach rechts gewendeter, steigender roter Wolf in weißem bzw. silbernem Feld. Wegen seiner roten Farbe und des in einzelne Zotteln weit ausgezogenen Fells wird er in manchen Chroniken als geschundener (enthäuteter) Wolf gedeutet. Bei dieser Deutung soll es sich jedoch um das Missverstehen einer mittelalterlichen Stilisierung handeln. Der Wolf schmückt das Wappen der Stadt und einiger Städte und Gemeinden im Landkreis Passau: Büchlberg, Hauzenberg, Hutthurm, Obernzell, Ruderting, Untergriesbach, Windorf. Auch Perlesreut im Landkreis Freyung-Grafenau und Schaufling im Landkreis Deggendorf führen den Passauer Wolf im Wappen, ebenso die Landkreise Passau und Freyung-Grafenau. Im Passauer Landkreiswappen stehen ein linksgewendeter Panther und der rechtsgewendete Wolf über den bayerischen Rauten. Das im Zug der Gebietsreform entstandene Landkreiswappen von Freyung-Grafenau zeigt über den bayerischen Rauten einen linksgewendeten schwarzen Bären und den rechtsgewendeten Passauer Wolf. Der Bär bezieht sich auf den alten Landkreis Grafenau und das frühere herzogliche Pfleggericht Bärnstein. Der Wolf steht für den früheren Landkreis Wolfstein, dessen Gebiet vor dem Übergang an Bayern zum Hochstift Passau gehörte.

Woher der Passauer Wolf[1] stammt ist nicht genau bekannt, doch gibt es die Überlieferung, dass er auf Bischof Wolfker von Ellenbrechtskirchen (1191–1204) zurückgeht. Jedenfalls ist der Wolf seit dem 13. Jahrhundert das Wahrzeichen des Hochstifts Passau, das seit 1217 Reichsfürstentum ist. Der Wolf erscheint 1259 und 1264 als Gegensiegel des Bischofs Otto von Lonsdorf. 1340 wird der Wolf, den man bereits auf Schwertklingen vor 1300 findet, als Warenzeichen der Passauer Messerer geschützt.
Die Stadtrichter des 14. Jahrhunderts führen ihn in ihrem Siegel neben ihrem eigenen Wappen. 1368 bekommen die Passauer Bürger das Siegelrecht. Das Große Siegel von 1368 zeigt St. Stephan unter gotischem Baldachin, darunter im kleineren Schild den Wolf. Im Stadtsiegel von 1425 erscheint nur noch der Wolf im Schild. Der Stadt Passau bewilligt hat der Bischof das Wappen mit dem Wolf im Jahr 1432. Das Stadtwappen erscheint im Stadtbanner von 1555 und auf den Malereien an den Stadttoren. Auch wer heute durch Passau

Wappen mit dem Passauer Wolf über einem Eingangsportal auf der Feste Oberhaus in Passau. Steinrelief, 1503.

wandert, trifft immer einmal wieder auf den Passauer Wolf, etwa am und im alten Rathaus. In Stein steht er im Wappen über dem Westportal (Ende des 15. Jahrhunderts) und im Schlussstein von 1440 im Stiegenhaus, aus Schmiedeeisen ist er im Gitter von 1546 über dem Westportal zum Großen Rathaussaal. Auch auf der Feste Oberhaus zeigt sich das Passauer Wappentier. Sogar noch einige Kanaldeckel in Passau tragen das Bild des Passauer Wolfs.

Zwei Sagen erklären den Namen anders:
„Der geschundene Wolf zu Passau
Herzog Otto von Bayern vertrieb des Papstes Legaten Albrecht, daß er flüchten mußte und nach Passau kam. Da zog Otto vor die Stadt, nahm sie ein und ließ ihn da jämmerlich erwürgen. Etliche sagen, man habe ihn schinden lassen, darum führen noch die von Passau einen geschundenen Wolf.

Auch zeigt man einen Stein, der Blutstein geheißen, darauf soll Albrecht geschunden und zu Stücken gehauen worden sein“.[2]

In einer zweiten Erklärungssage wird heidnischer Kopfkult angesprochen:

„Das Wahrzeichen von Passau
Eine alte Sage erzählt, als man den Grund zum Bau der Stadt Passau graben wollte, sei ein geschundener Wolf in der Erde gefunden worden, gleichwie einst ein Menschenkopf bei der Gründung Roms und ein Roßhaupt beim Bau Karthagos. Daher hätten die Bewohner Passaus diesen Wolf zum Wahrzeichen ihrer Stadt genommen und behalten“.[3]

Wölfe und Wolfsrümpfe

Auch neue öffentliche Wappen, die in der Zeit nach dem Zweiten Weltkrieg und in etlichen Fällen nach der Gebietsreform in Bayern von 1972 angenommen wurden, enthalten häufig sehr alte Symbole. Ein solches ist auch der meist Familienwappen entstammende Wolf.[4]

Egmating (Landkreis Ebersberg, Oberbayern): Das besonders originelle Wappen zeigt einen aufspringenden Wolf, der ein Hirschgeweih im Maul trägt. Er ist das Wappensymbol der früheren Hofmarksherren von Wolframsdorf, die allerdings nur eine Generation lang in Egmating ansässig waren.

Emtmannsberg (Landkreis Bayreuth, Oberfranken): Der goldene Wolfsrumpf ist dem Wappen der Herren von Pullenreuth entnommen. Diese hatten im Mittelalter ihren Sitz im heutigen Gemeindeteil Birk.

Gerolsbach (Landkreis Pfaffenhofen a.d. Ilm, Oberbayern): Das niederadelige Geschlecht der Herren von Gerolsbach, die an der Verwaltung des in Gerolsbach liegenden Besitzes des Hochstifts Freising beteiligt waren, führten als Wappenschild einen Wolfsrumpf.

Kleinsendelbach (Landkreis Forchheim, Oberfranken): Die 1370 ausgestorbenen Herren von Eschenau waren Reichsministerialen und im Gemeindeteil Schellenberg ansässig. Sie führten einen Wolf im Wappen, der gemindert in das neue Gemeindewappen übernommen wurde.

Kronburg (Landkreis Unterallgäu, Schwaben): Der Kronburger Wappenwolf ist dem Familienwappen der seit dem Jahr 1619 auf der Kronburg ansässigen Herren von Westernach entnommen. Diese hatten eine dominierende Stellung als Ortsherren. Der Wellenbalken symbolisiert die Iller, die beiden Häuser deuten auf den Gemeindeteil Illerbeuren hin.

Obertrubach (Landkreis Forchheim, Oberfranken): Der Wolf stammt aus dem Wappen der ehemals selbständigen Gemeinde Wolfsberg. Burg Wolfsberg im Trubachtal war im 12. Jahrhundert Stammsitz des Geschlechts der Wolfsberger. Auch die heute zu Obertrubach gehörende frühere Gemeinde

Neuhof a.d. Zenn

Wolfsegg

Wolfratshausen

Wolfersdorf

Wasserlosen

Schwabhausen

Plankenfels

Obertrubach

Geschwand hatte einen Wolf im Wappen. Das Bamberger Ministerialengeschlecht der Wichsensteiner war mit Geschwand eng verbunden; ihr Wappentier war ein silberner Wolf.

Oerlenbach (Landkreis Bad Kissingen, Unterfranken): Der Wolf im Wappen von Oerlenbach leitet sich vom Familienwappen der Herren von Eltingshausen ab. Die Adlerschwinge entstammt dem Wappen der mit Ebenhausen besonders verbundenen Herren von Münster. Beide ehemals selbständige Gemeinden haben sich 1972 mit anderen Gemeinden zur Gemeinde Oerlenbach zusammengeschlossen.

Plankenfels (Landkreis Bayreuth, Oberfranken): Die Herren von Plankenfels, die im 13. Jahrhundert erstmals erwähnt wurden, hatten den Wolf als Wappentier.

Schwabhausen (Landkreis Dachau, Oberbayern): Der Wolfsrumpf entstammt dem Siegel des Conrad von Schwabhausen. Dieser war von 1307 bis 1318 Richter in Dachau und wie aus verschiedenen urkundlichen Nachweisen hervorgeht, mit Schwabhausen eng verbunden.

Wasserlosen (Landkreis Schweinfurt, Unterfranken): Der Wolf ist dem „redenden" Wappen der ehemaligen Gemeinde Wülfershausen entnommen. Nach der Gebietsreform hat sich diese zusammen mit anderen Gemeinden zur Gemeinde Wasserlosen zusammengeschlossen.

Wolfersdorf (Landkreis Freising, Oberbayern): Dieser Wolf leitet sich

Oerlenbach

Ruderting

Obernzell

Hutthurm

Hauzenberg

Büchlberg

Passau

LK Freyung-Grafenau

vom Siegel Wilhelms von Wolffersdorff aus dem 13. Jahrhundert ab. Die drei Hopfendolden symbolisieren die drei ehemals selbständigen Gemeinden, aus denen die heutige Gemeinde Wolfersdorf entstanden ist und weisen auf den Hopfenanbau im Gebiet hin.

Wolfratshausen (Landkreis Bad Tölz-Wolfratshausen, Oberbayern): Der Name Wolfratshausen wird als Haus oder Hof eines Wolfrat gedeutet. Das „redende“ Wappen mit dem Wolf leitet sich von diesem Personennamen ab.

Wolfsegg (Landkreis Regensburg, Oberpfalz): Der Wolfsrumpf des Gemeindewappens stammt aus dem Familienwappen Wolfs von Schönleiten, des Erbauers der Burg Wolfsegg. Diese kam später in den Besitz der Herren von Laaber, aus deren Familienwappen die blauen und silbernen Streifen entnommen sind.

Eine besondere Art des Wolfswappens hat *Neuhof a.d. Zenn* (Landkreis Neustadt a.d. Aisch-Bad Windsheim, Mittelfranken): Die rechte Hand des schwarzen Mannes liegt unter einer schwebenden Hopfendolde auf einem Schild. Auf diesem sind zwei schräg gekreuzte silberne Wolfseisen dargestellt. Wolfseisen oder Wolfsangeln waren, wie bereits beschrieben, Instrumente einer grauenhaften Wolfsjagdmethode. Verschiedene Geschlechter führten Wolfsangeln im Wappen, etwa die Mayenthal im Fränkischen oder die Stain im Schwäbischen.

Kronburg

Kleinsendelbach

Gerolsbach

Emtmannsberg

Egmating

Perlesreut

Windorf

Schaufling

Untergriesbach

ALLERLEI GEBILD

Als positives Sinnbild für Intelligenz, Schönheit, Kraft und Durchsetzungswillen und als bildliche Darstellung eines Namens kommt der Wolf nicht nur in Wappen vor.

Abzeichen

Ähnlich wie Wappen dienen auch Abzeichen, etwa Vereinsabzeichen oder Firmenzeichen, dem Wiedererkennen und der eindeutigen Zuordnung. Manchmal taucht auch hier der Wolf auf. Das oben erwähnte Warenzeichen der Passauer Messerer ist ein sehr frühes Beispiel für ein Firmenzeichen. Für die Pulverfabrik Wolff & Co gestaltete der Maler und Graphiker Ludwig Hohlwein (geboren 1874 in Wiesbaden, gestorben 1949 in Berchtesgaden) ein Plakat mit einer Farblithographie, die einen roten Wolf zeigt. Ein pädagogischer Verlag in Regensburg führte bis 1998 ein *redendes* Firmenzeichen. *Wölfe* nennt sich ein Eishockeyteam in Vilshofen im Landkreis Passau.

Gebildgebäck

In Schönderling (Gemeinde Schondra, Landkreis Bad Kissingen) gab es bis in die 20er Jahre des 20. Jahrhunderts am Neujahrsmorgen zum Kaffee *Laewerje* (Laibchen) aus weißem Mehl oder *Wölferje* (Wölfchen) aus dunklem Roggenmehl. Als Rosinenersatz waren Hutzelstückchen eingebacken.[1] Auch in anderen Gegenden Bayerns gab es gebackene Wölfe. So schreibt Johann Andreas Schmeller (1785–1852) in seinem Bayerischen Wörterbuch:

„Zu Weihnachten bäckt man an der rauhen Ebrach aus Teig allerley, besonders Thierfiguren, unter dem Namen Hauswolf ...“[2] Joachim Jünemann gibt an, dass diese Howölfle oder Wowölfle, die insbesondere in einigen Gegenden Badens, des Steigerwalds und der Oberpfalz gebacken wurden, bis 10 Zentimeter groß waren und einen ausgezackten Nacken und Schwanz hatten und dass sie Unheil vom Haus fernhalten sollten.[3]

Gebildbrot oder -gebäck wird ohne Verwendung eines Models freihändig gestaltet. Bevorzugte Formen sind Heilige, Brauchtumsfiguren, Körperteile, Pflanzen, Tiere und Ornamente. Über diese Art von Gebäck, die meist nur zu bestimmten Festtagen hergestellt wurde und in manchen Fällen und Gegenden auch noch wird, ist Gegenstand verschiedenster volkskundlicher und anderer wissenschaftlicher Deutungen. Häufig wird das Gebäck in Zusammenhang mit Opfer- und Erntebräuchen, mit Abwehr und Beschwörung gebracht. Als Tierformen sind Pferd, Schwein, Schaf, Hirsch, Hase, Bär und Huhn besonders häufig, der Wolf stellt dagegen eine Besonderheit dar.[4]

Spielzeugwölfe

Während der für den Menschen viel gefährlichere Bär als Teddybär[5] nach wie vor das beliebteste Stoff- und Schmusetier der Kinder ist, wird der Wolf in dieser Funktion wenig geschätzt. Dies zeigen das Stofftiersortiment in Spielzeuggeschäften und die Kataloge von Plüschtierherstellern.[6]

In erster Linie hat offenbar der Wolf in den Märchen der Brüder Grimm und zwar in seinen undankbaren Rollen in *Der Wolf und die sieben Geißlein* und in *Rotkäppchen* die Spielzeughersteller inspiriert.
Die Bi-ba-bo-Kasperlfiguren wurden von 1920 bis weit in die 60er Jahre von der Nürnberger Firma Schuco hergestellt. Ein Mitglied dieser Handpuppen-Truppe war neben dem Kasperl, dem Rotkäppchen, dem Affen und dem Schutzmann auch der Wolf.[7] Sicher hat er im Kasperlspiel immer kräftig Hiebe abgekriegt!

Die Firma Hausser-Elastolin in Neustadt bei Coburg bot nach dem Zweiten Weltkrieg und bis gegen Ende der 60er Jahre Märchenfiguren wie Hänsel, Gretel, Rotkäppchen und auch den Wolf an.[8]

Ein Würfelspiel mit dem Titel *Der Wolf und die 7 Geißlein* hat 1933 die Nürnberger Spielzeugfirma J. W. Spear herausgebracht.[9] Die schönen Spielfiguren sind aus Zinn hergestellt. Die Illustrationen schuf Otto Kubel, ein damals bekannter Tierillustrator. Auf dem Deckel der Spielschachtel schaut gierig ein schwarzgesichtiger Wolf mit heraushängender Zunge und weißen Pfoten durch einen Rahmen auf die Geißlein herunter, die furchtsam auseinander laufen.

Spuren in Sprache und Klängen

Von Wolfsheiligen und Werwölfen, Wolfsbeeren und Wolfaustreibern

Die Sprache kann die Erinnerung an längst Vergangenes anklingen lassen, auch wenn die Bedeutung des Gesprochenen oder Geschriebenen, des Gehörten oder Gelesenen in manchen Fällen gar nicht mehr verstanden wird. Dass Tiere in unserer Sprache noch immer allgegenwärtig sind, zeugt von der großen Bedeutung, die sie in früheren Zeiten für die Menschen hatten. Dies gilt auch für ganz oder weitgehend verschwundene Arten. Man passt auf wie ein Luchs und nennt jemanden bärbeißig. In Familiennamen wie Adler, Storch, Geier oder Otter und in Ortsnamen wie Biberbach oder Bärenbrück lebt die Erinnerung an diese früher verbreiteten und heute ganz oder weitgehend verschwundenen Tiere fort. Auch das Brauchtum – nicht selten ein Gesamtwerk aus Bildern, Wörtern und Klängen – ist ein Rückzugsgebiet für Tiere. So darf der inzwischen in der Roten Liste der gefährdeten Tiere und Pflanzen gelandete Feldhase weiterhin an Ostern die Eier bringen, und mit Tierfellen und -masken bekleidetete Gestalten können als Perchten oder Buttnmanndl stille Winternächte mit Lärm erfüllen. Durch Märchen, Sagen und Legenden fliegen Raben, tapsen Bären und schleichen auch Wölfe.

NAMEN

Das Wort *Wolf* leitet sich vom germanischen *wulfa* ab. Im Althochdeutschen und Mittelhochdeutschen erscheint es bereits als *wolf*, altsächsisch *wulf*. Die indogermanische Bezeichnung für das Tier lautete *wlquo*, die griechische *lykos*, die lateinische *lupus*, die altnordische *ulfr.*[1]

Vornamen

Die Germanen, denen der Wolf ein verehrungswürdiges Tier war und für die er Kraft, Stärke und Klugheit verkörperte, liebten Wolfsnamen für ihre Kinder. Auch noch im frühen christlichen Mittelalter waren Wolfsnamen in den verschiedensten Zusammensetzungen verbreitet. Sogar heute, obwohl längst ausgerottet, ist der Wolf noch immer nicht aus den Vornamen verschwunden, wenn auch seltener anzutreffen. Neben *Wolf*, *Wulf* oder dem nordischen *Ulf* gibt und gab es etwa folgende mit germanischen oder althochdeutschen Wörtern zusammengesetzte Namen, von denen allerdings viele nicht mehr gebräuchlich sind:

Wolfdietrich: „diot“ – „Volk“, „rihhi“ – „Herrscher“.
Wolfgang, Gangolf: „ganc“ – „Waffengang“.
Wolfger, Wolfker, Gerwolf: „ger“ – „Speer“.
Wolfgund, Gundolf: „gund“ – „Kampf“.
Wolfhard: „hard“ – „stark, fest“.
Wolfhelm: „helm“ – „Helm, Schutz“.
Wolfhild, Wulfhild: „hild“ – „Kampf“.
Wolfhold: „hold“ – „zugeneigt“.
Wolfram: „hraban“ – „Rabe“.
Wolfrat: „rat“ – „Rat“.
Wolfried, Wolfred: „fried“ – Friede.
Wolfsindis: „sint“ – Gesinde, Weggenossen.
Wolftraud, Wolftrud, Wulftrud: „traud“ oder „trud“ – „vertraut“.
Ludolf: „hlut“ – „laut, bekannt“.
Rudolf, Radolf, Radulf: „hrod“ – „Ruhm“.

Bayerische Wolfsnamenträger: Heilige, Selige, Dichter, Könige

St. Wolfgang: Des Bischofs Name wurde wegen seiner eifrigen Missionstätigkeit als *Lupambulus* (der zu den Wölfen = Heiden geht) ins Lateinische übersetzt. Dem Heiligen sind in Bayern viele Kirchen geweiht. Ortschaften, die nach ihren Wolfgangskirchen heißen, sind beispielsweise St. Wolfgang bei Bad Griesbach im Landkreis Passau, St. Wolfgang bei Dorfen im Landkreis Erding, St. Wolfgang bei Altenmarkt a.d. Alz im Landkreis Traunstein oder St. Wolfgang bei Velburg im Landkreis Neumarkt i.d. Oberpfalz.

St. Wolfhard wurde 1070 in Augsburg geboren. Er lebte 20 Jahre als Einsiedler im Etschtal. 1117 trat er in das Kamaldulenserkloster S. Salvatore in Verona ein, wo er sich als Rekluse in seiner Klause einmauern ließ. Dort starb er 1127. Einige seiner Reliquien wurden am 27. Oktober 1602 in die Kapuzinerkirche St. Sebastian in Augsburg übertragen, wo sein Fest alljährlich am 27. Oktober gefeiert wird.[2]

Sel. Wolfhild (Wulfhildis) war eine Tochter Herzog Heinrichs des Schwarzen von Bayern und der Wulfhild von Sachsen. Sie war Tante von Heinrich dem Löwen und Kaiser Friedrich I. Wolfhild wurde mit Rudolf von Bregenz vermählt. Nach dessen Tod zog sie sich im Jahre 1143 in das Kloster Wessobrunn im Landkreis Weilheim-Schongau zurück, wo sie in der zweiten Hälfte des 12. Jahrhunderts starb. Ihre Grabinschrift ist in der Wessobrunner Klosterchronik niedergelegt. Wo sich ihre Grabstätte befand, ist allerdings nicht mehr bekannt.[3]

Sel. Wolfhold von Admont war Benediktinermönch, wurde Domprobst in Freising, übersiedelte 1104 ins Kloster auf dem Petersberg bei Dachau, begab sich nach einigen Jahren in das Kloster St. Georgen im Schwarzwald und wurde schließlich im Jahre 1115 durch Vermittlung Erzbischof Konrads I. von Salzburg Abt in Admont /Steiermark. Dort starb er am 1. November 1137.[4]

Sel. Wolfhold (Wolfoldus) von Hohenwart war Priester in Hohenwart (Landkreis Pfaffenhofen a.d. Ilm). Er starb am 31.1.1100. Näheres über den heute nicht mehr so bekannten Seligen wurde direkt aus Hohenwart mitgeteilt: Wolfholds Gebeine befinden sich heute in einem Glasschrein in der Richildiskapelle. Seine Verehrung erreichte Ende des 15. Jahrhunderts einen Höhepunkt. Zur Zeit der Klostergründung lebte Wolfoldus auf dem Berge zu Hohenwart. 1074 wurde die erste Kirche eingeweiht. Nach einer Legende soll Wolfhold stets um Mitternacht, wenn die Nonnen die Mette sangen, zum Gotteshaus gegangen sein. Dessen Tor öffnete sich ihm jeweils von allein und schloss sich wieder, wenn Wolfhold die Kirche verließ. Eines Tages war der Weg auf den Berg hinauf so schlüpfrig, dass Wolfhold einen Zaunstecken herauszog und mit dessen Hilfe den Berg erklomm. Da war ihm das Kirchentor verschlossen. Wolfhold erforschte sein Gewissen und stellte fest, dass er seinem Nächsten ohne Not einen Schaden zugefügt hatte. Nachdem er den Zaunstecken an seinen Ort gebracht hatte, stand ihm das Kirchentor wieder offen.[5]

Wolfram von Eschenbach: Der mittelhochdeutsche Dichter wurde um 1170 geboren, vermutlich in dem Ort Eschenbach, der sich seit 1917 Wolframs-Eschenbach nennen darf. Auch das Todesjahr Wolframs ist nicht genau bekannt. Es wird zwischen 1217 und 1220 datiert. Sein Werk enthält Lieder und Epen. Berühmt wurden *Titurel* und *Willehalm*, insbesondere aber das um 1210 entstandene höfische Epos *Parzifal*. Die Stadt Wolframs-Eschenbach hat ihrem berühmten mutmaßlichen Sohn ein Denkmal errichtet und erläutert in einem Museum, dessen Logo den Namen Wolfram mit Wolf und Rabe versinnbildlicht, die Werke des Dichters.[6]

St. Wolfsindis: Der Heiligen ist ein Kirchlein am Ortsausgang von Reisbach im Landkreis Dingolfing-Landau geweiht. Es wurde bei einer Quelle errichtet, der heutige Bau stammt aus dem Jahre 1816. Wolfsindis wird bereits im Totenbuch des Abtes Benedikt von Wessobrunn († 943) erwähnt, also in einer Zeit des Übergangs vom Heidentum zum Christentum in Bayern. Möglicherweise ist die christliche Heilige in einen vorchristlichen Kult eingestiegen? Die Wolfsindis-Legende ist in zwei Fassungen überliefert. Nach der einen wurde Wolfsindis enthauptet, weil sie sich weigerte, dem Christentum abzuschwören und zum heidnischen Götterglauben zurückzukehren. In der anderen Fassung ließen ihre Widersacher Wolfsindis von einem Pferd – einem heiligen Tier der Germanen – zu Tode schleifen, weil sie sich standhaft einer Unkeuschheit verweigert hatte. Kirche und Quelle stehen dort, wo Wolfsindis den Legenden nach gestorben sein soll. Dem Quellwasser wird Heilkraft für die Augen zugeschrieben. Noch heute wird in Reisbach der Namenstag der heiligen Wolfsindis am 2. September gefeiert, und noch immer gibt es in der Reisbacher Gegend Frauen, die Wolfsindis heißen.[7]

Rudolf von Rheinfelden war Herzog von Schwaben und wurde 1077 in Forchheim zum König gewählt. 1080 starb er bei Hohenmölsen an tödlichen Verwundungen.[8]

Familiennamen

Wolfsspuren findet man auch in bayerischen Telefonbüchern. Der Familienname *Wolf* kommt sehr häufig vor. So wurden vier bayerische Kleinstädte mit jeweils um die 20 000 Einwohnern verglichen: In Bad Reichenhall, im Südosten von Bayern, gibt es 20 Namen *Wolf* (zum Vergleich: 84 Huber), in Sonthofen im Südwesten 22 (31 Huber), in Marktredwitz im Nordosten 22 (6 Huber) und in Bad Kissingen im Nordwesten 69 (8 Huber). Für die Landeshauptstadt München findet man rund 1 100 Eintragungen *Wolf*.[9]

In den Telefonbüchern trifft man auf eine Fülle weiterer, allerdings seltenerer Wolfsnamen wie *Wolfbauer, Wolfberger, Wolferseder, Wolferstätter, Wolff, Wolffhardt, Wolffram, Wolfgang, Wolfgruber, Wolfhardt, Wolfmaier, Wolfmeier, Wolfmüller, Wolfram, Wolfrum, Wolfschläger, Wolfschaffner, Wolfschmidt, Wolfschütz, Wolfsfellner, Wolfsgruber, Wolfskeil, Wolfsperger, Wolfsteiner, Wolfswinkler,* ferner *Wölfel, Wölfl, Wölfle, Wölflein* sowie *Wulf* und *Wülf* in verschiedenen Zusammensetzungen.

Die meisten Wolfs-Familiennamen sind aus Wolfs-Vornamen entstanden. Dies betrifft auch Berufs- oder Ämterbezeichnungen: *Wolfbauer, Wolfmaier (-meier)* – Maier war im frühen Mittelalter Verwalter eines herrschaftlichen Fronhofes, später der Pächter eines kleinen Hofes, *Wolfmüller, Wolfschaffner* – Schaffner war ein Verwalter, *Wolfschmidt*. Einige Namen wie *Wolf(s)gruber, Wolfschläger, Wolfschütz* und *Wolfsfellner* weisen auf Tätigkeiten bei der Wolfsverfolgung hin, andere leiten sich von Wolfs-Ortsnamen ab, etwa *Wolf(s)berger* oder *Wolfswinkler.*

Historische Persönlichkeiten in Bayern mit Wolfs-Familiennamen

Wolff, Jacob d. Ä. war Baumeister und Bildhauer. Er wurde um 1546 in Bamberg geboren und starb vor dem 16.7.1612. Er schuf in Würzburg das Echtertor und von 1601–1605 den Neubau der Feste Marienberg, in Nürnberg von 1602–1607 das Pellerhaus, eines der vornehmsten privaten Renaissancegebäude in Deutschland. Es wurde im 2. Weltkrieg zerstört. Baumeister war auch sein Sohn *Wolff, Jacob d.J.*, der wahrscheinlich 1571 in Bamberg geboren wurde. Er errichtete das Nürnberger Rathaus. Gestorben ist er am 25.2.1620 in Nürnberg.[10]

Namen im menschlichen Leben und Tun

Schmeller ist in seinem Bayerischen Wörterbuch den unterschiedlichen Bedeutungen des Wortes *Wolf* nachgegangen[11]. Es bezeichnet:
a) bei Sägemüllern ein fehlerhaft – nicht gleichmäßig dünn oder dick – geschnittenes Brett; b) im Schwäbischen eine starke, zum Umhauen reife Eiche; c) „Holz mit einem Einschnitt, mit welchem der Korbmacher zwey Reife, die mit Schienen überflochten werden sollen, zusammenzwängt“;
d) Zahnbeule und Zahn.

Bei Hans Sachs ist ein *Nerwolf* ein geiziger Mensch, hat also durchaus nichts mit dem *Werwolf* zu tun.

Nicht nur in Bayern gibt es die folgenden Bedeutungen: Der *Wolf der Haut* bezeichnet Wundsein durch Aufeinanderreiben von Hautflächen, ein Zustand, der sich auch bei längerem Laufen einstellen kann. „Lauf' Dir keinen Wolf!“, sagt man. Im Textilwesen versteht man unter *Wolf* eine Maschine zur Auflockerung von Faserbündeln. Ein *Fleischwolf* ist eine Maschine zum Zerkleinern von Fleisch. In bildhafter Anlehnung daran hört man oft von überanstrengten

Menschen, die mit ihren Kräften am Ende sind: „Ich fühle mich, wie durch den Wolf gedreht!"

Eine weitere Maschine, der *Reißwolf*, zerreißt Papier oder Textilien in kleinste Teile. Mit *Wolfsrachen* wird eine angeborene Missbildung bei Menschen bezeichnet, bei welcher der harte Gaumen gespalten ist.

Ortsnamen (Siedlungsnamen)

Das derzeit gültige Amtliche Ortsverzeichnis für Bayern gibt 160 *Wolf-* und *Wolfs*-Orte an – Orte, deren Namen mit *Wolf* beginnen. Dazu kommen Namen wie Oberwolfsknock (Gemeinde Thurnau, Landkreis Kulmbach) und eine ganze Reihe *Wölf-* und *Wülf*-Orte.[12]

Manchen Namen sieht man heute nicht mehr an, dass in ihnen ein Wolf steckt. So leitet sich in der Gemeinde Reischach (Landkreis Altötting) der Ortsname *Wälschmühl* von einer Mühle ab, die noch im 16. Jahrhundert Wolfsmühle hieß[13], und der Ortsname *Werkstätten* entstand aus *Wolfstetten*, wie er in einem Urbar der Hofmark Winhöring von 1430, also dem damaligen Grundbuch, noch geschrieben wurde.[14] Einer Sage nach soll Wolpertsau, Gemeinde Rennertshofen, Landkreis Neuburg-Schrobenhausen, früher wegen der dort im Wald lebenden Wölfe Wolfertsau geheißen haben.[15]

Heutige Ortsnamen in Bayern mit „Wolf" [16]

Selbständige Gemeinden mit einem Wolfsnamen sind Wolferstadt im Landkreis Donau-Ried, Wolfertschwenden im Landkreis Unterallgäu, Wolframs-Eschenbach im Landkreis Ansbach, Wolfratshausen im Landkreis Bad Tölz-Wolfratshausen sowie Wolfsegg im Landkreis Regensburg.

Diese Orte sind Teile anderer Gemeinden: Wolf (1), Wolfa (1), Wolfakirchen (1), Wolfanger (1), Wolfarts (1), Wolfartsberg (1), Wolfartswinden (1), Wolfau (4), Wolfbühl (1), Wolfdobl (1), Wolfeck (1), Wolfegg (1), Wolfen (2), Wolfenhof (1), Wolferding (1), Wolfering (1), Wolferkam (1), Wolferkofen (1), Wolfersbach (1), Wolfersberg (2), Wolfersdorf (9), Wolfersegg (1), Wolfersgrün (1), Wolfershof (1), Wolferskofen (1), Wolfersreut (1), Wolfersreuth (1), Wolferstadt, Wolfersthal (1), Wolferszell (1), Wolferszwing (1), Wolferthau (1), Wolferting (2), Wolferts (1), Wolfertsau (1), Wolfertsbronn (1), Wolfertschlag (1), Wolfertsfeld (1), Wolfertshausen (2), Wolfertshofen (2), Wolfertsried (1), Wolfesing (1), Wolfessen (1), Wolfetsried (1), Wolfgangsberg (1), Wolfgangshof (1), Wolfgrub (5), Wolfhaming (1), Wolfhausen (1), Wolfhof (1), Wolfholz (1), Wolfing (1), Wolfis (1), Wolflier (1), Wolfmühle (2), Wolfrain (1), Wolframshof (1), Wolfring (1), Wolfringmühle (1), Wolfs (1), Wolfsacker (1), Wolfsau (2), Wolfsbach (6), Wolfsberg (15), Wolfsbronn (1), Wolfsbuch (1), Wolfsbühl (2), Wolfschädelmühle (1), Wolfschüsser (1), Wolfsdorf (2), Wolfsdrüssel (1), Wolfseck (1), Wolfsegg (3), Wolfsfeld (1), Wolfsgasse (1), Wolfsgraben (1), Wolfsgrub (4), Wolfshausen (1), Wolfshöhe (1), Wolfshof (1), Wolfskofen (1), Wolfskugel (1), Wolfsloch (1), Wolfslohe (1), Wolfsmühle (5), Wolfsmünster (1), Wolfsöd (2), Wolfspoint (1), Wolfsquiga (1), Wolfsricht (1), Wolfsried (1), Wolfstal (1), Wolfstall (1), Wolfsteig (1), Wolfstein (5), Wolfsteinerau (1), Wolfstriegl (1), Wolfswinkel (1), Wolfswinkl (1).

Nicht in jedem Fall lässt sich feststellen, ob der Name unmittelbar vom Tier oder von einem Menschen mit Wolfsnamen abgeleitet ist. So dürften etwa *Wolf(s)mühle, Wolf(s)hausen, Wolfsried, Wolf(s)öd, Wolfersbach, Wolfersreut, Wolferszell, Wolfertshausen, Wolfertsried* auf die Personennamen *Wolf* beziehungsweise *Wolfhard* zurückgehen. Für den Landkreis Mühldorf am Inn gilt beispielsweise: *Wolferting* (Gemeinde Niederbergkirchen) ist mit Friedrich und Konrad Wolfoltinger (14. Jahrhundert), *Wolfhaming* (Gemeinde Oberbergkirchen) mit Ulrikus de Wolfhalming (14. Jahrhundert), *Wolfsberg* (Gemeinde Neumarkt St. Veit) mit Henricus de Wolfsberch (13. Jahrhundert) in Verbindung zu bringen.[17] Namen wie *Wolfau, Wolfsbach, Wolfsberg, Wolfsbuch, Wolfbühl, Wolfsgasse, Wolfswinkel* bezeichnen möglicherweise

In vielen bayerischen Ortsnamen ist der Wolf noch gegenwärtig.

Örtlichkeiten, an denen man Wölfe erblickt oder getötet hat. *Wolf(s)grub* leitet sich von einer dort einst bestehenden Wolfsgrube ab.

Hofnamen, Gaststättennamen

Hofnamen mit *Wolf* dürften fast ausschließlich auf Personennamen zurückgehen. Beispiele sind *Wölflerlehen* (Gemeinde Schönau, Landkreis Berchtesgadener Land), *Wolfenlehen* (Markt Berchtesgaden), *Wolf* (Gemeinde Aldersbach, Landkreis Passau), *Wolfscheiben* (Gemeinde Egglham, Landkreis Rottal-Inn, wurde 1998 Gemeindeteil von Egglham).

Gaststätten, die *Grauer Wolf, Höllenwolf* oder *Zur Wolfsschlucht* heißen, haben das Tier zum Namenspaten gebeten, dagegen gehen etwa *Wolferstetter Keller* oder *Wolfrum* auf Personennamen zurück.

Flurnamen

Die Zahl der Flurnamen in Bayern wird auf etwa 3 Millionen geschätzt. Flurnamen bezeichnen nicht bewohnte Örtlichkeiten innerhalb und außerhalb von Siedlungen. Anders als die Ortsnamen sind die Flurnamen bedroht, da nicht alle schriftlich fixiert sind, da sie keinerlei rechtlichen Schutz genießen und vielerorts die alten Flurnamen in Vergessenheit geraten. So legten bereits in der ersten Hälfte des 20. Jahrhunderts in vielen Gemeinden engagierte Personen Flurnamenverzeichnisse an. Der *Verband für Orts- und Flurnamenforschung in Bayern e.V.* in München hat es sich zur Aufgabe gemacht, Flurnamen zu sammeln und sie so vor dem Vergessen zu bewahren. Dem selben Zweck dient auch das Flurnamenprojekt der Bayerischen Staatskanzlei, Haus der bayerischen Geschichte.[18]

Es gibt ziemlich viele Wolfsflurnamen. Wie bei den Ortsnamen hat ein Teil von ihnen mit dem Tier zu tun, andere sind vom Personennamen Wolf abgeleitet. Die Bedeutung der Flurnamen kann nicht immer befriedigend erklärt werden. Im Anhang findet sich eine Liste von Wolfsflurnamen, die aus verschiedenen Gegenden Bayerns mitgeteilt wurden.

Straßennamen

In Oberviechtach gibt es einen *Wolfsgruben-*, in Neukirchen b. Hl. Blut einen *Wolfsriegel-*, in Fichtelberg einen *Wolfslohweg. Wolf(s)gasse* kommt mindestens dreimal in Bayern vor. Für zwei dieser Örtlichkeiten gibt es – wohl nicht zutreffende – Erklärungssagen, die sich die Menschen erzählten, um sich die Entstehung des Namens zu erklären.

„Wolfsgasse und Wolfsbrunnen
Vor mehreren hundert Jahren trugs sich's zu in einem sehr harten und strengen Winter, daß zum oberen Tor zu Schweinfurt ein Wolf hereinkam, der sich alsbald von einer großen Menschenmenge gehetzt und verfolgt sah. Er nahm seinen Weg in die erstbeste Gasse und sprang, als er sich von allen Seiten umringt sah, aus Angst in einen Brunnen.

Zum Gedächtnis erhielten Straße und Brunnen die Benennung Wolfsgasse und Wolfsbrunnen und über letzterem wurde bildlich ein Wolf in Stein gehauen, der noch zu sehen ist."[19]

Die Wolfsgasse gibt es noch immer in Schweinfurt: Allerdings wird die Sage heute mit großer Einschränkung als Straßennamenerklärung verwendet. Der Brunnen in der Wolfsgasse war aktenmäßig noch Ende des 19., Anfang des 20. Jahrhunderts nachweisbar, ist jetzt aber nicht mehr vorhanden.[20]

„Die Wolfsgasse von Türkenfeld
Türkenfeld lag einst inmitten dunkler Wälder, in denen viele wilde Tiere hausten. Die adeligen Herren, denen das Dorf in alter Zeit gehörte, machten lieber auf wohlschmeckende Hirsche, Wildschweine und Bären Jagd, als sich mit den mageren, struppigen Wölfen abzugeben, die in großer Zahl die Gegend heimsuchten.

So mußten die Bauern selbst zusehen, wie sie sich der Bestien erwehren konnten, die oftmals in ihre Ställe einbrachen und Schafe, Ziegen oder Hühner rissen und verschleppten. Sie wurden sogar Menschen, die sich alleine in den Wald wagten, gefährlich. Und wenn ein altes Weiblein oder ein kleines Kind einem Rudel ausgehungerter Wölfe begegnete, so war sein Leben keinen Heller mehr wert.

Einmal nahm die Wolfsplage schrecklich überhand und die Raubtiere wagten sich auf der Suche nach Freßbarem sogar am hellichten Tag in die Nähe der Dörfer. Da wollte eine arme Frau auf ihrem kleinen Stück Land, nahe am Wald, Moorrüben holen. Sie ging mit ihrem kleinen Buben zu dem Feld und arbeitete fleißig, bis sie so viele ausgegraben hatte, daß der Korb fast voll war.

Als sie sich zufällig aufrichtete, um sich den vom ständigen Bücken schmerzenden Rücken zu reiben, erblickte sie mit einem Mal ein Rudel Wölfe, das drohend am Waldrand entlangstrich und hungrig herüberstarrte. Blitzartig erkannte sie die Gefahr, warf, ohne einen Augenblick zu verlieren, den Korb mit Rüben über die Schulter, packte ihr Kind an der Hand und rannte mit ihm zum Dorf zurück, so schnell sie konnte.

Die Wölfe aber wollten sich die Beute nicht entgehen lassen und setzten mit großen Sprüngen hinterher. Als die Fliehenden an einem Hohlweg, der zum Dorf führte, angelangt waren, hatten die Raubtiere sie fast eingeholt.

Entsetzt erkannte die Frau, dass für sie und ihren Sohn kaum mehr eine Rettung möglich war. Da blieb sie stehen und rief:

„Lauf, mein Kind, lauf heim, so schnell du kannst. Und schaue dich nicht nach mir um!" Der Junge zögerte, weil er seine Mutter nicht zurücklassen wollte, sie aber befahl ungeduldig: „So lauf doch schon endlich! Kümmere dich nicht um mich, ich komme gleich nach!" Sie wartete ein Weilchen, bis das Kind einen Vorsprung gewonnen hatte, und nahm dann die Flucht wieder auf. Die Wölfe waren ihr nun schon dicht auf den Fersen. Da durchzuckte sie in der höchsten Not ein Gedanke, den sie augenblicklich in die Tat umsetzte. Sie griff mit beiden Händen in den Korb auf ihrem Rücken, packte so viele Rüben, wie sie erwischte und warf sie den Raubtieren vor. Sie hoffte, diese dadurch von sich ablenken zu können.

Und sie hatte sich nicht getäuscht. Gierig schnappten die Bestien, die ihr besonders nahe waren, nach dem Köder und blieben zurück. Sie hielten nämlich die Rüben für Knochen. Die anderen aber nahmen nach einem kurzen Zögern der Verwirrung die Verfolgung wieder auf.

Als sie ihr abermals bedrohlich nahe gekommen waren, nahm die tapfere Frau erneut Rüben aus ihrem Korb und warf sie diesmal in verschiedene Richtungen hinter sich, um sich mehr Luft zu verschaffen. Wieder fielen die Wölfe gierig über die vermeintlichen Knochen her und balgten sich voller Neid darum.

Durch diese List gelang es der Mutter, ebenso wie vorher ihrem Kind, den gefährlichen Hohlweg zu durchqueren und das schützende Dorf zu erreichen. Völlig erschöpft sank sie dort zu Boden, während einige Bauern die hartnäckigsten Raubtiere mit Mistgabeln in die Flucht schlugen.

Dieser wundersame Vorfall aber blieb den Leuten durch Generationen hindurch im Gedächtnis und bis auf den heutigen Tag heißt der Hohlweg, durch den die Bestien in die Fluren von Türkenfeld einbrachen, ‚Wolfsgasse'".[21]

Auch in Türkenfeld im Landkreis Fürstenfeldbruck gibt es noch immer die *Wolfgasse*. Es existiert in der Gegend auch ein Flurname *Wolfgassenacker*, der von *Wolfgalgenacker* abgeleitet sein soll. So könnte auch die Wolfgasse ursprünglich ein Flurname *Wolfgalgen* gewesen sein.[22]

Landschaftselemente

Bei den Wolfsflurnamen für Bodenerhebungen – Hügel oder Berge – könnte es sich häufig um Örtlichkeiten handeln, wo Wölfe hausten, gesehen wurden oder getötet worden sind: *Wolfsberg, Wolfsbichel, Wolfsbüchel, Wolfsbühl, Wolfsdobl, Wolfsknock, Wolfskopf, Wolfsriegel.*

Wolfsflurnamen für Geländevertiefungen – Täler, Senken oder Schluchten – lauten etwa *Wolfsdrossel, Wolf(s)graben, Wolfskehle, Wolfskuchel, Wolf(s)schlucht, Wolfst(h)al.* In diesen Fällen wurden wohl häufig ebenfalls Aufenthaltsorte der Tiere benannt. Bei *Wolfskehle* ging es um einen Vergleich zwischen dem Körperteil des Tieres und einer Landschaftsauffälligkeit. Bei den vielen *Wolfsschluchten* mag für die Namengebung öfters lediglich das Unheimliche des Ortes eine Rolle gespielt haben. Berühmt wurde die Wolfsschlucht in der Oper *Freischütz* von Carl Maria v. Weber, in der sich schaurige Dinge ereignen. Als unheimlich erscheint auch die Wolfsschlucht der folgenden Sage:

„Der Geist in der Wolfsschlucht Um Mitternacht ging ein Bauer aus Losenried durch die Wolfsschlucht nach Hause. Da nieste auf einmal jemand. Der Bauer sagte darauf: ‚Helf Gott!' Als es aber zum drittenmal nieste, sage er: ‚Du tust ja immer so fort!' Da sprach eine unsichtbare Stimme: ‚Weil du jetzt nicht wieder ‚Helf Gott' gesagt hast, muß ich diesen Baum festhalten, bis er abgeschnitten wird, aus seinen Brettern eine Wiege gemacht und aus ihr ein Kind herausgewiegt worden ist'."[23]

Gewässer mit Wolfsnamen sind in Bayern etwa die *Wolfach*, der *Wolfensee*, der *Mittlere und Untere Wolfsee*, der *Wolfsgrabenbach* und die *Wolfsteiner Ohe*. Einer der ältesten Gewässernamen, der auf den Wolf zurückgeht, ist die Wolfach im Landkreis Passau, die bei Vilshofen in die Donau mündet. Sie ist bereits für das Jahr 749 als Wolfaha bezeugt.[24] Die Wolfsteiner Ohe im Landkreis Freyung-Grafenau wurde nach Schloss Wolfstein benannt.

Orte in Feld und Flur sind etwa *Wolf(s)acker, Wolfäcker, Wolfäckerlein, Wolfau, Wolfsgrund, Wolfstall*. Ehemals oder noch immer bewaldetes Gelände bezeichnen beispielsweise *Wolfsgeräumt, Wolfsloh(e), Wolfsrangen, Wolfssenge*. Es dürfte sich dabei häufig um ein Gelände in Feld oder Wald gehandelt haben, das einem Mann namens Wolf gehörte oder das er durch Rodung in seinen Besitz gebracht hatte.

Fangen und Hinrichten der Wölfe

Nicht wenige Flurnamen weisen auf eine Wolfsgrube hin, die an dieser Stelle einst war oder sogar heute noch zu sehen ist (siehe Anhang 1), etwa *Wolfgrubackerl, Wolfsgrube, Wolfsgruben, Wolfsgrubenschlag, Wolfsgrubenweg*, möglicherweise auch *Wolfsgruppen*.

Ungeachtet seines idyllischen Klangs bezeichnet *Wolffs-Garten* einen Ort, zu dem man Wölfe getrieben hat und von wo sie nicht mehr entkommen konnten.

In die Zeit, als es Tierprozesse gab, im Mittelalter und der frühen Neuzeit, verweisen Flurnamen wie *Wolfgalgen* und *Wolfgalgenholz*. Man klagte Tiere für ihre Untaten an, machte ihnen den Prozess und verurteilte sie zu allen möglichen grausamen Strafen. Selbstverständlich waren auch hier wieder die Wölfe mit dabei. Man hing sie tot oder lebendig an einen Galgen.

Eine Sage erzählt von einem am Galgen hängenden Wolf. Sie hat wahrscheinlich einen wahren Kern, und die Begebenheit um den so genannten *Werwolf von Ansbach* im Jahre 1685 erregte damals die Gemüter so sehr, dass auch ein Flugblatt mit zwei Kupferstichen dazu erschien. Ein Wolf soll damals in der Ansbacher Gegend Menschen verwundet, Kinder verschleppt und gefressen, Frauen attackiert und überhaupt Angst und Schrecken verbreitet haben. Es heißt, dass dieser Wolf am 9. Oktober in Neuses einen Hahn verfolgt habe, dabei in einen Brunnen gefallen und schließlich von den aufgebrachten Einwohnern erschlagen worden sei. Was dann geschah, vermeldet ein zeitgenössischer Bericht:

„Da der Wolff auf diese Weiß in dem Brunnen erwürget war / zog man diß verfluchte Aaaß herauß: Jederman lieffe zu und erfreuete sich / daß diese Furien ohn fernere vergiessung Menschen Bluts / erleget worden. Die Höhe seiner Wolffsgestaltung sol ein und ein halb Elen hoch gewesen seyn. Die Haut wurde ihme abgenommen / und damit das furchtsame Landvolck einsten versichert wäre / daß ihr und ihrer Kinder / auch ihres Gesindes ärgster Feind der grimmige Wolff lebloß gemacht / und erwürget worden wäre / hat man solch erwürgten Wolff an einen offentlichen Galgen auffgehncket nach derjenigen Lands-Art / so in gleichem in den Hessischen und Mecklenburgischen Landen gebräuchlich / allwo wann ein Wolff erschlagen / und ertödet wird / pflegt man zum Trost des in Forcht gelebten Landvolcks solchen ingleichem an

Burg Wolfsegg im Landkreis Regensburg.

den liechten Galgen zu hencken / damit jederman erkennen möge / daß ein solch grausames Unthier glücklich erleget worden / und damit die Abscheulichkeit dieses gehenckten Wolfes / nicht allzu erschröcklich denen vorbey Reysenden vorkäme / hat man ihm die Wolffs-Schmautze biß an die Augen abgehauen / und ihm vor sein Wolffs-Gesicht ein Schembart / oder so gemachtes Menschen Gesicht angefüget / umb welches Spectacul zu sehen weit und breit die Leut herbey kommen / welche diese Begebenheit genau betrachtet / worden bald dieser / bald jener allerhand Concepten ihme in seinem Cerebell gemacht. Von den Affen ist bekand wann sie in Africa gezämet / und von ihnen etwas Böses begangen wird / sie an einen Galgen / mit einem sonderbahren Kleid / von sonderbahren Farben / als ob ein Mensch dahienge / auffgehencket werden. / Ist also dieses in diesem / und jenes in jenem Land sittlich und üblich / und weilen damals im gantzen Franckenland und allen benachbarten Orten viel redens / und discurirens von diesem Wolff / und seiner Begebenheit gewesen."[25]

Bald wurde damals erzählt, dass der Wolf ein Werwolf gewesen sei, nämlich der verstorbene und zu seinen Lebzeiten verhasste Ansbacher Bürgermeister Michael Leicht.

Burgen und Schlösser

Burgen mit Wolfsnamen leiten sich von einem Erbauer namens Wolf ab oder vom Namen eines dort ansässigen Geschlechts.

Burg Wolfsegg (Gemeinde Wolfsegg, Landkreis Regensburg): Die Burg ist etwa um 1300 von dem Geschlecht der Wolf von Schönleiten erbaut worden. Die Wolf von Schönleiten waren Ministerialen der Herzöge von Bayern und hatten von ihnen Burg und Herrschaft als Lehen. Nach dem Tod des Bruno Wolf von Schönleiten belehnte Herzog Ludwig von Bayern 1358 dessen Töchter Margaretha und Katharina mit Burg und Hofmark. Durch Heirat Margarethas mit Ulrich von Lichteneck kam die Burg an das Geschlecht der Lichtenecker. 1367 verkauften Ulrich und Margaretha die Burg mit allem Zubehör an Ulrich und Hadamar von Laber. 1475 erlosch das Geschlecht der Laberer. Nach wechselvoller Geschichte überließ 1883 ihr letzter adeliger Besitzer Graf Alexander von Oberndorf die Burg – ohne die dazu gehörenden Ländereien – der um 1550 entstandenen Gemeinde Wolfsegg. Georg Rauchenberger kaufte 1932 die halbverfallene Burg und arbeitete jahrzehntelang an ihrer Wiederherstellung, eine Arbeit, die nach seinem Tod das von ihm 1970 gegründete *Kuratorium Burg Wolfsegg* weiterführte und vollendete. Die Burg ist im Sommer für Besucher geöffnet. Es gibt die Sage von der *Weißen Frau von Wolfsegg*. Sie soll die ermordete Gemahlin des letzten Herrn von Laber sein.[26]

Burg Wolfstein in Neumarkt i.d. Oberpfalz.

Burg Wolfstein (Stadt Neumarkt i.d. Oberpfalz, Landkreis Neumarkt in der Oberpfalz): Das Wahrzeichen Neumarkts war bereits im späten Mittelalter aufgegeben worden und in den darauf folgenden Jahrhunderten verfallen. Seit 1997 widmet sich der Verein Wolfsteinfreunde Neumarkt i.d. Opf. e.V. der Sanierung der Burg und der Erforschung ihrer Geschichte. Im Stadtmuseum Neumarkt fand von April bis September 2000 eine Sonderausstellung zu Archäologie und Geschichte der Burg statt.[27]

Schloss Wolfstein (Landkreis Freyung-Grafenau): Wolfstein wurde um 1200 durch den Passauer Bischof Wolfker von Erla als Wehrburg erbaut. Er wollte damit die Grenzen seines Hochstifts gegen Bayern und Böhmen schützen. Seit Mitte des 14. Jahrhunderts war die Burg Sitz eines Pflegrichters der Passauer Fürstbischöfe. Bischof Urban von Treubach erneuerte im späten 16. Jahrhundert die Burg und baute sie zu einem Schloss um, das in der Folge den Passauer Fürstbischöfen wiederholt als Jagdschloss diente, insbesondere Wenzeslaus Graf von Thun (1664–1673) und Kardinal Leopold Ernst Graf von Firmian (1763–1783). 1806 wurde das Schloss Sitz des königlichen Landgerichts, des Rentamtes und des Forstamtes, 1862 des königlichen Bezirksamtes. 1963 übergab der Bayerische Staat das Schloss an den Landkreis. Eine Sanierung wurde 1963–65 durchgeführt, ebenso 1986–1989. Heute befinden sich eine Kunstgalerie und ein Jagd- und Fischereimuseum im Schloss.[28]

Ehemalige Burg Wolfstein (Stadt Landshut): Auf dem Burgsitz kam Konradin, der letzte Hohenstaufer, am 25. März 1252 zur Welt. Das Bauernhaus im Landshuter Stadtteil Wolfstein entstand in der Zeit um 1800 unter Einbeziehung von Resten der Burg.[29]

Burg Wolfsberg im Trubachtal (Gemeinde Obertrubach, Landkreis Forchheim): Die Burg ließen im 12. Jahrhundert die Edelfreien von Wolfsberg erbauen; Gozpold de Wolvesperch wird um 1169 namentlich

Schloss Wolfstein bei Freyung. Aquarell, 1845.

genannt. In den folgenden Jahrhunderten hatte die Burg verschiedene Besitzer. In Kriegen beschädigt, fiel sie 1803 an den Bayerischen Staat, der sie leer stehen ließ. Im 19. Jahrhundert verkam die Burg unter mehreren Besitzern vollends zur Ruine. Die Gemeinde Obertrubach veranlasste 1985–1987 eine Sanierung. Von der Ruine aus bietet sich ein schöner Ausblick auf das Trubachtal. Nach einer Sage sollen unterhalb der Burg große Truhen mit Gold und Edelsteinen lagern, die jedoch der Teufel in Gestalt eines riesengroßen Hundes mit Pferdefüßen bewacht.[30]

Pflanzennamen

Der Wolf ist wie manch andere Tiere – etwa die Katze beim Katzenpfötchen oder der Hund beim Hundsveilchen – auch in Pflanzennamen eingegangen, so etwa in der Volkssprache.

In Deutschland gibt es volkstümliche Wolfsnamen, die in verschiedenen Gegenden unterschiedliche Pflanzen bezeichnen können.[31] Diese Namen bezogen sich auf die starke Giftwirkung einer Pflanze, ihre Form oder ihre Lästigkeit als Unkraut. So waren etwa in Bayern beziehungsweise im bayerisch-österreichischen, im schwäbischen und fränkischen Sprachgebiet gebräuchlich:[32]
Wolf für Borstgras (Nardus stricta);
Wolfsapfel für Osterluzei (Aristolochia clematitis);
Wolfsaugen für Tollkirsche (Atropa belladonna);
Wolfsboß für Seidelbast (Daphne mezereum);
Wolfsbeere(n) für Bittersüß (Solanum dulcamara) und Christophskraut (Actaea spicata);
Wolfskirsche, Wolfskerschen für Tollkirsche (Atropa belladonna);
Wolfskopf für Großes Löwenmaul (Anthirrhinum majus);
Wolfskraut für Wilde Karde (Dipsacus sylvestris), für Osterluzei (Aristolochia clematitis) und für Sumpf-Läusekraut (Pedicularis palustris);
Wolfspfote für Echte Kuhschelle (Pulsatilla vulgaris);
Wolfswurz für Echter Sturmhut (Aconitum napellus), für Wolfseisenhut (Aconitum lycoctonum);
Wolfszähne für Bärenschote (Astragalus glycyphyllus)[33];
Wolfszausat für Osterluzei (Aristolochia clematitis);
Kornwolf für Gewöhnliches Leinkraut (Linaria vulgaris).

Auch im offiziellen Sprachgebrauch finden sich solche Pflanzennamen:

Sie sind nicht auf Bayern beschränkt, sondern gelten weitgehend für das gesamte deutsche Sprachgebiet. Die nachfolgend angeführten Arten mit Wolfsnamen kommen auch in Bayern vor.[34]

Wolfsauge (*Lycopsis* arvensis): Die gesamte Pflanze ist dicht mit borstigen Haaren besetzt und erinnert an Vergissmeinnicht, mit denen sie auch nahe verwandt ist. Sie hat längliche, gezähnte Blätter und blaue Blüten, die von Mai bis September erscheinen. Die Blüten haben wohl die Namengeber an Wolfsaugen erinnert: *lykos* = Wolf und *opsis* = Gesicht. In der neueren Literatur wird das zur Familie der Raublattgewächse gehörende Wolfsauge meist als Acker-Krummhals (Anchusa arvensis) der Gattung Ochsenzunge (Anchusa) zugeordnet. Das Wolfsauge (oder der Acker-Krummhals) kommt – nicht besonders häufig – auf Äckern, Brachflächen, Schuttplätzen und an Wegrändern vor, in Bayern insbesondere an der Donau und ihren Nebenflüssen und in Nordbayern.

Wolfsmilch (Euphorbia): Die Gattung in der Familie der Wolfsmilchgewächse umfaßt zahlreiche Arten, von denen viele auch in Bayern heimisch sind. Die getrenntgeschlechtigen einfachen Blüten sind zu Blütenständen, die männliche und weibliche Blüten umfassen, vereinigt. Die Blütenstände täuschen Einzelblüten vor und sind von Hochblättern umgeben. Die Pflanzen enthalten Milchsaft, von dessen Giftigkeit wohl der Name abgeleitet wurde. Bereits im April blüht die Mandelblättrige Wolfsmilch (Euphorbia amygdaloides) in krautreichen Laubmischwäldern. Die Sonnenwend-Wolfsmilch (Euphorbia helioscopia) wächst häufig auf Ödland, Schuttplätzen, in Gärten und an Wegrändern. Auch die Zypressen-Wolfsmilch (Euphorbia cyparissias) besiedelt trockene und sandige Böden. Gefährdet ist etwa die Sumpf-Wolfsmilch (Euphorbia palustris). Viele fremdländische Arten werden als Garten- oder Zimmerpflanzen kultiviert. Besonders beliebt ist der Weihnachtsstern (Euphorbia pulcherrima).

Wolfs-Eisenhut (Aconitum *lycoctonum*): Die auch Gelber Eisenhut genannte Art aus der Familie der Hahnenfußgewächse hat handförmig geteilte Blätter. Die blaßgelben Blüten sind in Trauben angeordnet und erscheinen von Juni bis August. Große Mengen giftiger Alkaloide finden sich besonders im Wurzelstock. Man hat ihn daher zur Herstellung von Pfeilgift und giftiger Köder für Wölfe und Füchse verwendet. Der Wolfs-Eisenhut kommt in feuchten Laubwäldern und in Auwäldern vor. Er ist geschützt, jedoch in Bayern im Gegensatz zu einigen anderen Bundesländern nicht gefährdet. Verbreitet ist der Wolfs-Eisenhut insbesondere in den Alpen und im Alpenvorland, auch an Main und Donau. Selten findet man ihn im Bayerischen und im Oberpfälzer Wald.

Wolfstrapp, Wolfsfuß (*Lycopus* europaeus): Die länglichen und gezähnten Blätter haben der Pflanze den Namen gegeben. In den Blattachseln der oberen Blätter sitzen in Quirlen die weißen Blüten, die im Juli und August erscheinen. Der Wolfstrapp gehört zur Familie der Lippenblütler. Er kommt in ganz Bayern an feuchten Standorten (Ufern, Gräben) vor, fehlt allerdings in Gegenden mit rauhem Klima. Der Wolfstrapp ist eine Heilpflanze und wird wegen seiner dämpfenden Wirkung auf das Vegetativum vor allem bei leichter Überfunktion der Schilddrüse eingesetzt.

Weltweit gelten lateinisch-griechische, also wissenschaftliche Namen. Die folgenden Vertreter kommen auch in Bayern vor.

Lupinus (Lupine): Der Name der zu den Schmetterlingsblütlern gehörenden Lupinen kommt vom lateinischen lupus = Wolf. Die Gattung *Lupinus* umfaßt viele Arten, von denen einige auch bei uns in Gärten gezogen werden oder verwildert in der Natur vorkommen. Die Blätter sind handförmig geteilt, die Blütenkerzen bestehen aus Trauben von Einzelblüten, die sich im Frühsommer entfalten. Die Gelbe Lupine (Lupinus luteus) und die Schmalblättrige Lupine (Lupinus angustifolium) stammen aus dem Mittelmeergebiet, die Vielblättrige Lupine (Lupinus polyphyllus) und die Weiße Lupine (Lupinus albus) aus Nordamerika. Man schätzt Lupinen wegen ihres dekorativen Aussehens und ihrer schönen Farben, aber auch als Gründüngung und als Futterpflanzen. Ein volkstümlicher Name ist *Wolfsbohne.*

Lycopersicon esculentum (= *Solanum lycopersicum*) (Tomate): Die wärmebedürftige, aus Südamerika stammende Kulturpflanze mit den roten schmackhaften Früchten gehört zur der Familie der Nachtschattengewächse und wird in ganz Bayern in Privatgärten und Gärtnereien an sonnigen, geschützten Stellen oder unter Folie und in Gewächshäusern gezogen. Der Name ist abgeleitet von griechischen Wort für Wolf = lykos und einem alten Gattungsnamen für den Pfirsich = Persica.

Lycopodium (Bärlapp): In Bayern und ganz Mitteleuropa kommen zehn Arten dieser Gattung aus der Familie der Bärlappgewächse vor, etliche davon sind gefährdet wie etwa Lycopodium alpinum (Alpen-Flachbärlapp) oder Lycopodium tristachyum (Zypressen-Flachbärlapp). Gleich den Farnen und Schachtelhalmen bilden auch die Bärlappgewächse keine Blüten und Samen. In Sporenbehältern reifen Sporen, die ausgestreut werden und aus denen neue Pflanzen auskeimen. Die kriechenden Stengel der Bärlappe haben kleine schuppenförmige Blätter. Nach den weichen Stengelspitzen, die mit Tierpfoten verglichen werden, haben die Pflanzen den lateinisch-griechischen (lykos = Wolf, pous = Fuß) und deutschen Namen, der sich auf den Bären bezieht.

Humulus lupulus (Hopfen): Mit ihrem rechtswindenden Stängel und den großen drei- bis fünflappigen Blättern wächst die zur Familie der Hanfgewächse gehörende Art in Auwäldern an Sträuchern und Bäumen empor. Der Hopfen ist zweihäusig, das heißt die Individuen haben entweder nur männliche oder nur weibliche Blüten. Die Pflanzen blühen im Juli und August. Die weiblichen Blütenstände entwicklen sich bei der Fruchtreife zu zapfenartigen Gebilden. Die Pflanze kommt an ihren Standorten wild in ganz Bayern vor. Bereits im Mittelalter wurde sie auch in Kultur genommen – als Heilpflanze und als Bierwürze. Ein besonders wichtiges Anbaugebiet liegt in der Hallertau.

Lycoperdon (Stäubling): Diese Gattung innerhalb der Familie der Weichboviste (Lycoperdaceae) kommt in Mitteleuropa mit ungefähr ein Dutzend Arten vor, von denen etliche auch in Bayern auf der Roten Liste

1. Wolfs-Eisenhut, 2. Keulen-Bärlapp, 3. Lupine, 4. Zypressen-Wolfsmilch, 5. Gewöhnlicher Seidelbast

stehen. Durch eine Öffnung gibt der Fruchtkörper bei der Reife große Mengen an Sporen ab. Bekannt ist der noch nicht gefährdete, in unreifem Zustand eßbare Flaschenbovist (Lycoperdon gemmatum), den man leicht an seiner Form erkennt.

Lycopsis (Wolfsauge) und *Lycopus* (Wolfstrapp) sind unter den deutschen Namen aufgeführt.

Tiernamen

Offizielle deutsche Wolfsnamen tragen drei auch in Bayern lebende Vertreter fleischfressender, räuberisch lebender Gliederfüßer.[35]

Familie der *Wolfsspinnen* (*Lycosidae*): Die Angehörigen dieser Gruppe sind keine Fallensteller, die ihre Beute mit Netzen fangen, sondern sie jagen aktiv, was ihnen wohl den Namen eingebracht hat. Dieser Lebensweise entsprechend sind die unter Steinen oder an Pflanzen lebenden Tiere ausgezeichnete Läufer. Die Familie umfaßt zahlreiche Arten, von denen einige auch in Bayern gefährdet sind.

Bienenwolf: Mit diesem Namen werden zwei Arten benannt:
1. Der auch Bienenkäfer genannte *Trichodes apicarius* aus der Familie der Buntkäfer. Der auffällige, 10–16 mm lange, orange-blaue Käfer ist häufig auf den Blüten von Doldengewächsen anzutreffen, wo er Pollen findet und kleine Insekten erbeutet.

Seine fleischfressenden Larven entwickeln sich in Nestern von Wildbienen, vereinzelt auch in Stöcken der Honigbiene, und leben dort von Bienenbrut. Der Bestand des Bienenwolfs geht auch in Bayern zurück, in Sachsen-Anhalt ist er bereits gefährdet.
2. *Philanthus triangulum* aus der Familie der Grabwespen. Der 12–18 mm lange Hautflügler überfällt seine Beute – ausschließlich Honigbienen – auf Blüten. Aus der Luft herunter stürzt er sich auf das Opfer, das er an seinem Geruch erkannt hat, und packt es. Während beide zu Boden fallen, versetzt der Bienenwolf der Biene den lähmenden Stich. Er saugt den Honig aus seinen Beutetieren oder bringt sie, wenn er nistet, seinen Larven.

SAGEN

Ebenso wie in Namen sind Tiere – noch beheimatete und ausgestorbene Arten sowie Fabelwesen – in Sagen präsent. Sagen sind Volkserzählungen, die anders als Märchen lokal gebunden sind und die erzählte Begebenheiten etwa durch die Nennung von Gewährsleuten als wahr darstellen. Sagen gehören Schichten an, die unterschiedlich alt sein und unterschiedlichen Stufen der Geistesentwicklung angehören können. Bayerische Wolfssagen entstammen meist jüngeren Schichten, in denen der Wolf nicht mehr als Götterwesen und auch nicht mehr als Mitgeschöpf auftritt, sondern verteufelt oder verspottet wird. Nur selten scheinen Elemente einer früheren Auffassung durch.

Es erwies sich als zweckmäßig, die gesammelten Wolfssagen nach inhaltlichen Kriterien zu ordnen. Die im 1. Kapitel berichteten Erzählungen über Wolfsüberfälle und „Letzte Wölfe“ sind ebenfalls Sagen oder enthalten sagenhafte Elemente. Sie sind meist den historischen Sagen zuzuordnen.

Erklärungssagen

Im ersten Kapitel wurden unter „Flurdenkmäler“ , im zweiten unter „Sinnbilder“ und im vorliegenden Kapitel unter „Namen“ bereits Erklärungssagen erzählt. Diese Sagen bieten Erklärungen dafür an, wie etwas entstanden ist: insbesondere auffällige

Phänomene in der Natur wie Steine, Geländeformen, Berge, Gewässer, Pflanzen und Tiere, aber auch Menschenwerke wie Burgen, Kirchen, Kapellen, Steinkreuze, Säulen, Wappen, Namen. Erklärungssagen kommen so dem Bedürfnis des Menschen entgegen, unerklärliche und damit beunruhigende Erscheinungen und Tatsachen auf einfache Weise zu erklären.

Namenserklärung
Der Goasberg zwischen Sonnen und Hirschberg im Landkreis Passau:
Die Sage berichtet, dass auf diesem Berg einmal ein armes Ehepaar Holz machte. Sie hatten ihr kleines Kind dabei, das in seinem Wagen schlief sowie ihre große alte Geiß. Plötzlich erschien ein mächtiger Wolf und wollte sich auf das Kind stürzen und es fressen. Die Geiß sah das, rannte schnell herbei und griff mit ihren Hörnern tapfer den Wolf so lange an, bis er schließlich davon lief. Von diesem Ereignis soll der Goasberg seinen Namen haben.[1]

Der Hirschensprung bei Wellerthal in der Gemeinde Selb, Landkreis Wunsiedel:

„Eine halbe Stunde von der Ruine liegt das Hammerwerk Wellerthal. Der Weg dahin lauft neben im Tale fort und führt an einem hohen Felsen vorbei, welcher Hirschensprung heißt. Ein Hirsch, der einstens von einem Wolf verfolgt und ergriffen worden war, stürzte sich mit jenem über diese Höhe in die Eger hinab, wodurch er gerettet, jener aber zerschmettert wurde".[2]

Das Selber Heimatbuch gibt darüber genauer Auskunft: „Besonders malerisch war früher der Durchbruch der Eger beim sogen. ‚Hirschensprung'. Der Name Hirschensprung geht auf ein geschichtliches Ereignis zurück, das der Förster Nürnberger von Thierstein im Jahre 1670 beobachtete. Bei einem Kampfe stieß ein Hirsch den ihn verfolgenden Wolf mit dem Geweih auf das Eis der Eger hinab. Die schwache Decke brach, und der Wolf verschwand unter dem Eise; erst im kommenden Frühjahre wurde er wieder gefunden. Früher stand dort eine Tafel mit der Inschrift:
Hier haben Hirsch und Wolf um Haut und Haar gerungen,
Doch stürzt der Wolf hinab, dem Hirschen ist's gelungen.
Die Furcht ergreift die Flucht; die Not lehrt tapfer sein:
Der Würger wird erwürgt bei diesem hohen Stein.

Sommerer sagt: Der Fels hieße richtiger ‚Wolfssturz'."[3]

In dieser Version stimmt einiges zusammen: Die Jahreszahl in der Zeit der Ausrottung der Wölfe, der verfolgte Hirsch, den zu erlegen nur dem Menschen, nicht dem Wolf erlaubt ist, die Kennzeichnung des jagenden Wolfs als Würger sowie die Schadenfreude über sein höchst unerquickliches Ende.

Bilderklärung
Im Kloster Prüfening in Regensburg soll es früher einen Gedächtnisstein mit einem Wolf und einer lateinischen Inschrift gegeben haben.
Es gibt dazu zwei interessante Sagenversionen:

1) Zur Viehtränke des Klosters Prüfening kam öfters eine Wölfin, um dort mit ihren Jungen zu lagern. Eines Tages raubte die Wölfin in der Umgebung ein Knäblein und trug es in den Wald. Dort waren die Ritter von Regensburg und Abbach auf Jagd unterwegs. Als die Jagdhörner ertönten, ließ die Wölfin vor Schreck den Knaben fallen und verschwand. Das unverletzte Kind wurde von einem Einsiedler gefunden und großgezogen. Bei der Verfolgung eines Hirsches gelangte der Herzog von Bayern, der in Regensburg residierte, zur Grotte des Einsiedlers, erfuhr vom Schicksal des Knaben und brachte ihn in ein Kloster nach Regensburg, wo er sorgfältig erzogen wurde. Später erlangte der Knabe Ritterehren. Die Wölfin hatte sich noch öfters beim Kloster gezeigt. Ein Jäger stellte ihr Tag und Nacht nach und erlegte sie schließlich. Das Stift ließ an der Stelle, wo die Wölfin mit ihren Jungen gelagert hatte, einen Stein mit einer Wölfin, ihren Jungen und einer erklärenden Inschrift anbringen.[4]

Offensichtlich liegt der Sage die alte Vorstellung des *Wolfskindes* (siehe auch 5. Kapitel) zu Grunde. Diese Vorstellung passt nicht so recht ins christliche Menschenbild, und so hat man eine entschärfte Version gefunden, bei der dem Wolf nur die üble Rolle des Kindsräubers bleibt und die gute Rolle der Erziehung dem frommen Eremiten und dem Herzog – der möglicherweise der Vater ist – zugewiesen wird. Eine andere Sagenfassung berichtet lediglich davon, dass in früherer Zeit, als das Kloster noch von keiner Mauer umgeben war, eine trächtige Wölfin aus dem nahe gelegenen Wald zum Klosterbrunnen gekommen sei, um ihren Durst zu löschen. Sie habe an diesem Brunnen dann auch ihre Jungen geworfen.[5]

Dämonologische Sagen

Dämonologische Sagen sind Sagen von übernnatürlichen Wesen, solchen, die mit einer anderen Welt oder dem Jenseits in Verbindung stehen: Hexen, Dämonen, Teufel, Zwerge, Riesen, Baum- und Wassergeister, Werwölfe, helfende Tiere. Diese übernatürlichen Wesen sind gut oder böse, nicht selten zwiespältig. Ihr Erscheinen bedeutet stets einen Einbruch einer jenseitigen Welt in die Alltagswelt; die Begegnung mit diesen Wesen ist für den Menschen deshalb fast immer bedeutsam und erschütternd.

Viele bayerische Wolfssagen sind Werwolfsagen. In ihnen geht es um die Verwandlung eines Menschen in einen Wolf und eventuell auch zurück, um Wesen, die sowohl Tier als auch Mensch sind. *Werwolf* kommt vom germanischen *wera* = Mann, Mensch. Diese Vorstellung, dass Mensch und Tier grundsätzlich wesensgleich sind und daher eine Verwandlung von einem Zustand in den anderen leicht gelingen kann, war in vorchristlicher Zeit nicht negativ besetzt. Wie ebenfalls im fünften Kapitel beschrieben, wurde sie erst später dämonisiert. Auch noch in den heimischen Sagen tritt der Werwolf in unterschiedlichen Rollen auf.

Werwolf als Übeltäter und Teufelsbündner

Die Wolfsverwandlung geschieht, um Böses zu tun und den Mitmenschen zu schaden. Nicht selten steckt hinter einer solchen Verwandlung der Teufel.

„Der Nachbar verwandelt sich in einen Wolf
In Hindelang lebte vor Jahren ein Mann, der mit seinem Nachbarn Streit hatte. Um sich an seinem Nachbarn endgültig zu rächen, verwandelte er sich in einen großen, dunklen Wolfshund und sprang dem Nachbarn an die Kehle. Dieser konnte den Hund wohl abwehren und wurde so kaum verletzt, jedoch soll er seit dieser Zeit ein Halsleiden haben.“[6]

Ein Mann wird zum Wolf
In Ried (heute Gemeinde Unterthingau, Landkreis Ostallgäu) lebte ein Mann namens Rummel, der bisweilen nachts Wolfsgestalt annahm, um sich an Menschen zu rächen, die ihm Böses

„Der Werwolf“. Holzschnitt von Lucas Cranach d.Ä. (1472–1553).

angetan hatten. Er zerriss etwa ihren Hund oder ihr Jungvieh und erschreckte die Leute mit seinen feurigen Augen. Die Rieder wussten, dass es der Rummel war, der sein Unwesen trieb, es hieß auch, dass es einen alten Gegenzauber gebe, den aber niemand kannte. Eines Tages ging ein fremder Mann mit einem grünen Hut durchs Dorf und betrat das Haus des Wolfsgängers. Bald darauf hörte man darin Wolfsgeheul, das stundenlang anhielt. Um Mitternacht stand plötzlich das Haus in Flammen, und erschreckte Dorfbewohner sahen den Teufel beim Kamin herausfahren. In seinen Krallen hielt er den Rummel.[7]

Offenbar gab es im Allgäu besonders viele und besonders gefährliche Werwölfe: „Im Allgäu geht es meist nicht ohne Teufelspakt. In allerlei Gestalt tritt der Verführer auf und stellt seine Bedingung für die Ratschläge, wie denn auch jedesmal das Abenteuer mit einer Höllenfahrt endet.

Im oberen Lechtal ist die Kunst des Wolfens daran gebunden, daß einer das Hemd eines Gehängten und sieben echte Wolfszähne auf seinem Leib trägt. Die Zähne müssen an einer Lederschnur unter dem Hemd am Hals hängen. Wenn man dem Wolf das in seinem struppigen Haar verborgene Halsband lösen kann, hat man ihn entzaubert. Aber das ist gefährlich, und es gehört nicht nur Mut, sondern auch Glück dazu.“[8]

Hexe als Werwolf

Auch viele Hexen verstanden die Kunst, sich in böse Werwölfe zu verwandeln. Im Fichtelgebirge bei Voitsumra (Gemeinde Weißenstadt, Landkreis Wunsiedel) spielt die folgende Werwolfsage, die gleichzeitig eine Erklärungssage ist:

„Der Wolfstein (Schneeberg)

In der Nähe des Waldes am Fuße des Schneeberges bei Voitsumra lag einmal auf einer Wiese eine Steinplatte, auf der ein Kreuz und darüber ein Wolfskopf eingehauen waren. Dort hielt man es für nicht geheuer. Flämmchen tanzten da. Der Teufel soll hier sein Spiel getrieben haben. Auf dieser Wiese hütete früher stets der Schäfer des Gutes die Schafe. Eines Frühjahrs brach mehrmals ein Wolf aus dem nahen Wald und holte sich ein Lämmlein. Der scharfe Schäferhund verfolgte ihn zwar, aber er kam jedes Mal mit blutenden Bißwunden zurück. Da ging der Gutsherr, der in allen Dingen ein gewiegter Jäger war, mit zum Hüten. Als der Wolf in die Herde einbrach, schoß er auf ihn. Doch die wohlgezielte Kugel besaß keine Wirkung. Der in jeder Lage beschlagene Jäger wußte alsbald, was in diesem Falle zu tun war. Er sagte zu sich: ‚Den Hexer werden wir schon kriegen!‘, lud schnell eine Holundermarkkugel und brannte sie dem forteilenden Wolfe auf den Pelz. Der ließ das Lämmchen fallen, zog den Schwanz ein und lief heulend und auf einem Hinterfuß hinkend in den Wald zurück. ‚Der ist gezeichnet!‘ meinte der Schütze und ging heim. Als der Gutsschäfer am anderen Morgen austrieb, lief ihm das alte Weib, das im Dachstübchen des Trüpfhauses wohnte, in die Quere. Die sonst so rüstige Alte stützte sich auf einen Krückstock und verzerrte das Gesicht vor Schmerz. ‚Seid Ihr hingefallen?‘ fragte teilnehmend der Schäfer. ‚Was geht's dich an!‘ keifte sie mit giftigen Blicken. Nun wußte er, woran er war. So bewahrheitete es sich, was die Leute von der Alten tuschelten: sie sei eine Hexe. Er zeigte sie beim Landrichter an. Als sie untersucht wird, will sie unter keinen Umständen mitteilen, wie sie zu der tiefen Schußwunde am Oberschenkel gekommen sei. Daher wurde sie eingesperrt. Am anderen Tage sollte sie peinlich befragt werden. Doch da war sie aus dem Gefängnis verschwunden. Niemand wußte, wie und wohin. Vor dem Trüpfhaus lauerte vergebens der Büttel. In ihre Dachkammer kehrte sie nicht zurück. Nur des Nachts flatterte eine Fledermaus um das offene Giebelfenster.

An einem grauen Herbstvormittag bricht der Wolf neuerdings aus dem Walde und stürzt sich auf den Schäfer. Der wehrt sich verzweifelt. Auf seine Hilferufe kommt der Gutsherr, der auf der Jagd war, und stößt dem Raubtier seinen geweihten Hirschfänger tief in die Brust. Wie es zu Boden fällt, liegt die alte Hexe aus dem Trüpfhaus vor ihnen und verröchelt fluchend ihren Geist. Zwanzig Fuß tief vergrub man sie in den Erdboden. Um allen bösen Zauber zu bannen, legte man auf diese Stelle eine Steinplatte mit einem Kreuz. Um daran zu erinnern, daß sich die Hexe in einen Wolf verwandeln konnte, grub man noch den Wolfskopf darauf ein.“[9]

Angst vor Frauen und vor der Natur und der Gleichsetzung beider mit dem Bösen sprechen aus dieser Sage – ein Muster, das nicht eben selten und auch heute noch anzutreffen ist.

„Der Werwolf von Ansbach". Kupferstich von Georg Jacob Schneider, 1685.

Hirte als Werwolf
In mehreren Sagen sind es Hirten, die sich in Wölfe verwandeln können, in diesem Zustand ein Stück Vieh nehmen und sich dann wieder zurückverwandeln. In diesen Sagen ist vom Teufel keine Rede, der Werwolf ist auch kein böses und schädliches Wesen, sondern er ist sogar besonders erfolgreich beim Beschützen der ihm anvertrauten Herde. In Wolfsgestalt wütet er auch nicht etwa unter den Tieren, sondern er nimmt sich nur von Zeit zu Zeit ein Stück, um seinen Hunger zu stillen.

In einer Bayerwaldsage wird berichtet:
Hinten im Wald haben die Bauern einmal einen Hirten eingestellt, der war so groß und so stark, dass kein Wolf, kein Bär und kein Luchs an seine Herde hat können. Trotzdem ist immer wieder von seiner Herde ein Stück Vieh, mal ein Lampi, mal ein Goaskitz, dann ein Kaibl oder gar ein Stierl verschwunden. Und wenn die Bauern nachgefragt und nicht locker gelassen haben, dann hat der Hirt gesagt: „Bei meiner Seel' – der Werwolf hat das arme Viech zerrissen!" Nach ist es den Bauern zu dumm geworden und sie wollten selbst das Untier abpassen und es einfangen. Es hat lang gedauert, bis sie den Werwolf auf frischer Tat erwischt haben. Und wer war es? Der Hirte selbst! Zwölf Bauern haben ihn gepackt, aber sie haben ihn nicht halten können. Er hat sich losgerissen und ist im Wald verschwunden.[10]

Ähnlich geht es in einer Oberpfälzer Sage zu, die am Fahrenberg (Landkreis Neustadt a.d. Waldnaab) lokalisiert ist:
„Der Höydfuchs oder Der Viehhirt als Wolf
Am Fahrenberg ist eine hohe Birke. Da brummelte der Viehhirt hinein, und auf der anderen Seite ging der Wolf hinaus zum Rauben, nach Schafen. Als nun der Schäfer von Oberbernrieth ihn herankommen sieht, den Wulvn, sagt er: ‚Kumst schauñ wida, du raudboartata Spitzbou!' Denn der Wolf war der Viehhirt, und dieser hatte einen roten Bart. Darum hieß man ihn auch den Höydfuchs. Nun begannen sie zu raufen. Zum Glück hatte der Schäfer einen großmäligen [= heißhungrigen? riesigen?] Hund bei sich. Der half seinem Herrn, und so wurden sie manchmal Herr über den Wolf, zeitweise hat es aber auch Schafe gekostet.

Danach hat der Wolf bei der Birke sich wieder zu einem ‚Leut' gemacht und die Schafe daheim mit den Seinen verzehrt." [11]

Sogar ein Pfarrer der Wallfahrtskirche Habsberg in der Gemeinde Velburg im Landkreis Neumarkt i.d. Oberpfalz hat sich in einen Wolf verwandelt:

„Der verzauberte Pfarrer von Habsberg
Um den Habsberg herum hütete früher ein Schäfer seine Schafe. Ihm kam kein Stück weg und bald hatte er die größte Herde der ganzen Gegend. Der Schafhüter hatte nämlich einen Zaubergürtel aus Wolfsfell und konnte sich jederzeit selber in einen Wolf verwandeln und Menschen und Vieh schlagen. Der Habsberger Wallfahrtspfarrer, der an solche Zauberei nicht glauben wollte, ging zum Schäfer und ließ sich seine Kunststücke zeigen. Er fragte auch nach dem Wolfsfellgürtel. Der Hüter erzählte, daß jeder, der den Gürtel anlegte, zum Wolf werden würde. Der Pfarrer wollte den Gürtel an sich selber ausprobieren. Der Schäfer war damit einverstanden und der Pfarrer schlüpfte in das Wolfsfell, zog es über sich herunter und schon stand ein echter Wolf auf dem Feld. Der Schafhirt rief ihm ein paar Worte zu und dann lief der Wolf dahin über die Äcker und Wiesen und hinein in das Holz. Er wurde nie wieder gesehen. Auch der Schäfer zog fort und kam nicht mehr zum Habsberg.“ [12]

Hier folgt kein schreckliches Ende, sondern der Pfarrer lässt alles hinter sich und verschwindet im Wald.

Werwolf als Wolfskind
Eine Bayerwaldsage „Der Werwolf vom Kindlstein“ aus der Gegend von Röhrnbach im Landkreis Freyung-Grafenau berichtet:

„Utopisches Paar“. Michael Mathias Prechtl erdachte diese Bildmetapher als Leitmotiv zu Thomas Morus’ idealistischem Gesellschaftsentwurf „Utopia“. Demnach wird das utopische Prinzip Hoffnung erst wahr, wenn sich Wolf und Schaf in Liebe umarmen. Dies muss wohl auch in Zukunft der Stoff für Sagen und Legenden bleiben.

Einst brachte einen junge Witwe einen hässlichen Wechselbalg zur Welt und setzte ihn heimlich im Wald aus. Als die Frau sieben Jahre später in einer Raunacht beim Flachskämmen saß, stürzten eine Wölfin und ein Werwolf zur Tür herein. Das waren der Wechselbalg und seine Ziehmutter, die das verlassene Kind angenommen und genährt hatte. Rächend kamen sie nun zur leiblichen Mutter und zerrissen sie.[13]

Diese Sage vom Kindlstein-Werwolf lässt manche der verschiedenen

Kindsraubsagen, von denen schon verschiedentlich die Rede war, in einem anderen Licht erscheinen. Meist raubt in ihnen der Wolf aus Bosheit oder aus Hunger ein Kind. Vielleicht kann man manchmal dahinter auch die Wolfskindgeschichte erkennen, bei der ein verstoßenes, verlassenes oder verlorenes Menschenkind aus Barmherzigkeit von einer Wolfsmutter großgezogen wird.

Partielle Verwandlung
In der Gegend von Lenggries im Landkreis Bad Tölz-Wolfsratshausen soll sich diese Geschichte zugetragen haben:
„Der Wolfshunger
Nicht weit von dem Platz, wo zwischen Wolfsteig und Gwingasteig auf dem Weg nach Lenggries einmal eine Zigeunerin lebendig begraben worden ist, fand ein Holzknecht den Aufbruch von einem Tier. Ein Vielfraß, wie er war, verschlang er ihn roh. Es war aber das Eingeweide eines Wolfes, der kurz vorher dort erlegt worden war. Deshalb überfiel ihn ein wilder Wolfshunger, der ihn wochenlang quälte, bis er eines elenden Todes starb." [14]

Abgesehen von der Nachrede der besonderen Gefräßigkeit der Wölfe und der Warnung vor menschlicher Gefräßigkeit: Es geht um die Möglichkeit der Mensch-Tier-Verwandlung und die alte Vorstellung, dass man sich mit dem Verzehr eines Wesens auch dessen Eigenschaften aneignen kann.

Der Wolf als helfendes Tier
Dieses Motiv ist aus vielen Märchen bekannt, etwa bei den Brüdern Grimm in *Der Goldene Vogel* oder *Der gestiefelte Kater*. Es kommt auch in Sagen vor, selten allerdings in bayerischen, und eine besondere Seltenheit ist eine bayerische Sage, in der der Wolf als helfendes Tier auftritt. Diese besonders anrührende Erzählung stammt aus der Gegend des Riesorts Wemding im Landkreis Donau-Ries:
„Der Wolf an der Wiege
Nahe der mittelfränkischen Grenze, nordwestlich von Wemding, wo sich der Dosbach durch eine Waldwiese schlängelt, ragen über die Grasnarbe graubraune Steinbrocken eines Mauerrestes hervor. Hier stand vor vielen Jahren das Gehöft Sandbrunn, das zu Anfang des 15. Jahrhunderts aus dem Besitz des reichen Wemdingers Jakob Vetzer in die Hand des Geschlechtes der Helfensteiner überging.

Eine Helfensteinerin, Katharina mit Namen, war eine gar fromme Frau. Sie ging alle Tage über den Siechenberg zum nahen Städtlein um dort der Frühmesse beizuwohnen. Wieder einmal frühmorgens – ihr Eheherr war in Geschäften nach Nördlingen gefahren und die Ehehalten schafften hinterm Walde auf dem Haselacker – befahl sie wie jeden Tag ihr Kindlein Elsbeth, das noch in der Wiege schlummerte, dem Schutze Gottes und wanderte dem Städtlein zu. Die Helfensteinerin fand das Kreuztor noch fest verschlossen, und erst nach mehrmaligem Rufen ließ der Wärter die Frau zum Seitenpförtchen in die Stadt schlupfen, um das Türlein sogleich wieder sorglich zu verriegeln und abzusperren. Es sei der wilde Räuber Hymax im Polsinger Walde gesehen worden und der Unmensch breche ein in Haus und Hof gleich einem reißenden Wolf.

Zu Tode erschrocken eilte die Frau in die Kirche, flehte zu Gott um Schutz und Hilfe für ihr Kind, empfahl sich der Fürbitte aller Heiligen und lief in ihrer Herzensangst zurück nach Sandbrunn.

Das Hoftor war erbrochen. Und im Hausflur lag ein schreckbar wilder Mann mit durchbissener Kehle. Schreine und Truhen sah sie durchwühlt und das Schlimmste ahnend, wankte sie ins Schlafgemach.

Da lag ein großer Wolf vor der Kinderwiege und die kleine Elsbeth kraulte ihm das Fell. Als das Tier der Frau ansichtig wurde, fuhr es auf, setzte mit einem mächtigen Sprunge durchs Fenster und floh dem nahen Walde zu. Das Kindlein aber brach in lautes Weinen aus, weil die Mutter ihm den Spielkameraden verscheucht hatte.

Aus dem, was die Frau sah, und aus dem, was die Mutter aus dem Gestammel ihres Kindes hörte, wurde der Helfensteinerin klar, dass während ihrer Abwesenheit kein anderer als der Räuber Hymax in Sandbrunn eingebrochen und dass der Wolf durch das eingeschlagene Tor ins Haus gedrungen war, den Räuber angefallen und überwältigt hatte, dem Kindlich sich aber zutraulich genähert hatte.

Zum Danke Gottes für die wunderbare Errettung ihres Kindleins aus Todesgefahr ließ bald darauf die fromme Helfensteinerin von Sandbrunn in der Pfarrkirche zu Wemding den Wendelin-Altar errichten.“ [15]

Historische Sagen

Historische Sagen beschäftigen sich mit bedeutenden Persönlichkeiten oder bestimmten Ereignissen der Vergangenheit. In diesen Erzählungen wird das historische Geschehen mit mythischen Dimensionen verbunden und so der objektiven Beurteilung entzogen.[16] Auch die Entstehungssagen mancher Namen und Flurdenkmäler sowie die Erzählungen um die Erlegung *letzter Wölfe* können dieser Kategorie zugeordnet werden. Die Geschehnisse in den folgenden beiden Beispielen aus den heutigen Landkreisen Main-Spessart und Neumarkt in der Oberpfalz sind in weit auseinander liegenden Zeiten angesiedelt.

„Um das Jahr 1000 tobte in der Gegend von Karlstadt am Main eine furchtbare Schlacht. Zwei Brüder aus der Familie der Sickingen fielen. Der dritte Bruder konnte sich in einen Schäfer-Stadl retten und wurde von der Schäferfamilie gesund gepflegt. Zum Dank wollte der Sickinger das Schäfertöchterlein Demutis heiraten. Doch Demutis war bereits mit dem Schafsknecht Hans verlobt. Hans wurde eines Tages in einer Schlucht bei ‚Maria Buchen‘ in der Nähe von Lohr am Main von Wölfen angefallen und zerrissen. Lange Zeit danach heiratete Demutis den Sickinger und wurde so zur Stammmutter des neuen Geschlechts.“ [17]

„Der letzte Wolf in Ittelhofen
Es war in der Zeit nach dem 30-jährigen Krieg. Im ganzen Land herrschte große Not. Menschen und Tiere litten qualvollen Hunger.

Eines Tages sahen Kinder aus Ittelhofen, die im nahen Wald Holz sammelten, unbekannte Spuren im Schnee. Sie glichen denen eines großen Hundes. Aber von einem Hund konnten sie nicht herrühren, denn die wenigen noch vorhandenen Hunde waren in den Häusern eingesperrt.

Voller Angst erzählten die Kinder ihren Eltern das Erlebnis. Was für ein Tier sollte sich wohl in der Nähe des Dorfes herumtreiben?

Gar bald konnten die Menschen von ihrer Angst befreit werden. Der Schwarzbauer, dessen Häuslein am Ortsrand des Dorfes stand, hatte in seinem Stall eine abgemagerte Ziege stehen. Eines Abends vergaß er, die Stalltüre fest zu verschließen. Und gerade an diesem Abend näherte sich das unbekannte Tier, es war ein gräßlicher Wolf, dem friedlich schlafenden Dörflein. Schnell witterte das gierige Raubtier den willkommenen Ziegenbraten und die arme Geiß meckerte gar elendiglich, als sie die scharfen Zähne des Wolfes in ihrem Hals spürte.

Das laute Meckern aber hatten die Bauersleute gehört! Sie drangen mit Knüppeln bewaffnet in den Stall. Nachdem sie den ersten Schrecken überwunden hatten, erschlugen sie den Bösewicht.

Es war der letzte Wolf in unserem Bezirk.“ [18]

Spottsagen

Gefürchtete Dämonen, der Teufel, furchterregende oder dämonisierte Tiere wie der Wolf werden durch ungeheure Kraft, durch Klugheit, Glaubensfestigkeit oder simple Tricks überlistet. Ziemlich viele bayerische Wolfssagen gehören zu diesem Typ von Sagen, in denen der Besiegte auch immer verspottet wird. Diese Sagen sind entstanden, als dem Wolf nichts Göttliches oder Jenseitiges mehr anhing. Besonders schmachvoll ist es für den Unterlegenen, wenn körperlich eher schwache Männer, etwa Musikanten, Frauen wie in *Die Wolfsgasse von Türkenfeld* oder gar wehrlose Tiere ihn besiegt haben.

Starker Mann bezwingt Wolf
„Der Wolf
Unser Großvaters Bruder ging von Konnersreuth nach Pleußen in die Rockenstube hutzen. Aber zum großen Schrecken begegnete ihm ein großer Wolf und wollte ihn packen. Er faßte sich gleich wieder und griff seinerseits den Wolf an: Er fuhr dem Wolf mit beiden Händen, woran er große Fuchshandschuhe trug, in den

Rachen. Dann riß er von seinem Leib den Hosengürtl herunter und zog ihn dem Wolf um den Hals so fest, daß der Wolf wie ein zahmer Hund mit ihm gehen mußte. Er führte ihn nach Pleußen in alle Rockenstuben. Wo er hinkam, sprangen die Mädchen auf die Tische und Bänke und vor Schrecken zum Fenster hinaus!

Zur selbigen Zeit (um 1750) gab es bei Pleußen so viel Wölfe, daß, wenn die Kinder ihre Notdurft verrichten wollten, ein starker Bursche bei ihnen sein mußte, mit einem großen Prügel bewaffnet, damit er Wölfe abwehren konnte.“ [19]

Musikanten bezwingen den Wolf
Die Sage vom Musikanten, der unbewaffnet und nur durch den Klang seines Instruments die Bestie besiegt, ist weit verbreitet und wurde in verschiedenen Gegenden Bayerns erzählt. Es handelt sich um eine Wandersage: Ein Thema wird an verschiedenen Orten zu Lokalsagen verarbeitet. Die Bayerwaldsage vom Geiger in der Wolfsgrube wurde bereits erzählt.

Eine oberbayerische Version ist *Der Geiger im Mühlgraben bei Königsdorf* [20] eine unterfränkische *Der Wolf und das Geigerlein.* [21]

In einer Oberpfälzer Sage aus dem Landkreis Tirschenreuth erscheint das Motiv ohne Wolfsgrube:
„Wolf und Dudelsackpfeifer
In der ersten Hälfte des letzten Jahrhunderts ging ein Hirt, der Dudelsackspieler war, von Walbenreuth am Fastnachtsmontagabend nach Pfaffenreuth, um dort Tanzmusik zu machen.

Er ist gerade an der Zeidelweider Waldung vorüber und sieht sich um, da läuft hinter ihm ein großer Wolf drein. Was tun? Zum Weglaufen ist es zu spät. Und der Hirt nimmt seinen Dudelsack und dudelt dem Wolf etwas vor. Die ungewohnten Laute machen den Wolf stutzig und er bleibt stehen.

Der Hirte läuft nun, so schnell er kann. Der hungrige Wolf setzt ihm gleich nach. Wieder dudelt der Hirte, und der Wolf bleibt wieder stehen, und der Mann nimmt wieder ein Stück Reißaus. Auf diese Art und Weise, abwechselnd spielend und laufend, gelangte der Hirt bis in die Nähe des Rosenhammers (bei Waldershof).

Ehe er diesen aber erreicht, bekommt der Dudelsack doch ein Loch! Der Gehetzte ist in höchster Not. Er beginnt mit seinem Feuereisen Funken zu schlagen. Und die können das hungrige Tier erneut abhalten. Der erschöpfte Hirt rettete sich in das Hirtenhaus beim Rosenhammer. Dort rastete er einige Zeit und ging dann in Begleitung eines bewaffneten Kameraden nach Pfaffenreuth.

Rasch verbreitete sich die Schreckenskunde von dem Wolf in der Gegend. Der Pfaffenreuther Hirt, der auch der Schinder war, köderte den Wolf am nächsten Tag mit einem Pferdekopf in seinem Hof, schloß das Tor und erschlug das gefürchtete Tier.“ [22]

Wehrlose Tiere bezwingen den Wolf
In den beiden Erklärungssagen *Der Hirschensprung bei Wellerthal* und *Der Goasberg* triumphieren Hirsch beziehungsweise Ziege über den Wolf.

Ebenfalls eine Ziege ist die Heldin in einer Fichtelgebirgssage:
„Wie eine Geiß einen Wolf fing
Vor alten Tagen war die Bamberger Straße auf dem Fichtelgebirge von einem langen, langen Wald umgeben. Wo jetzt das Dörfchen Kaltenhausen steht, war damals nur ein Wirtshaus und daneben stand eine Kapelle, damit man mitten auf dem langen Weg Leib und Seele stärken konnte.

Es kam nun einmal ein Metzger mit einer Geiß daher, und da er nicht Lust hatte zu beten, sondern Durst zum Trinken, band er seine Begleiterin an die offenstehende Tür der Kapelle, die nach außen aufging, und ging sorglos in das Wirtshaus. Aber während er seinen Durst löschte, wollte ein Wolf seinen Hunger stillen. Die Geiß machte in ihrer Angst einen Sprung in die Kapelle, der Wolf flugs hinterdrein; da aber jene, weil sie angebunden war, die Tür hinter sich zuzog, waren beide gefangen.

Dem Wolf war es in der Kapelle wohl nicht recht erbaulich zumute, vielleicht ebenso der Geiß, aber in der Kirche tun ja auch die erbittertsten Feinde unter den Menschen einander nichts. Der Wolf heulte und wurde gehört, die Geiß meckerte und wurde erhört, denn ihr Widersacher wurde bald gefangen.

Von dieser Kapelle sind nur noch unbedeutende Ruinen vorhanden.“[23]

Die Geschichte mit der Geiß und der Kirchentür ist ebenfalls eine Wandersage. Es gibt sie beispielsweise als Erklärungssage für das Relief von Schaf und Wolf über der Tür des Kirchleins von Eichel, Gemeinde Wertheim in Baden-Württemberg.[24]

LEGENDEN UND MIRAKELBERICHTE

Im Leben und an den Kultstätten mancher christlicher Heiliger sind Wölfe aufgetaucht, auch in Bayern. Ihre Spuren haben sie in Legenden und in Mirakelberichten hinterlassen. Legenden sind unverbürgte Erzählungen aus dem Heiligenleben, die häufig Sagencharakter haben. Bei Mirakelberichten handelt es sich um Wunder, die sich angeblich am Kultort eines oder einer Heiligen zugetragen haben und die in Mirakelbüchern aufgezeichnet wurden. Leider erscheint das Verhältnis zwischen Wölfen und den einschlägigen bayerischen Heiligen – Radegundis, Simpert, Wolfgang – ziemlich angespannt. Wie anders verhält sich da etwa der heilige Norbert von Xanten (1085–1136), der seine Mitbrüder ermahnt, sie sollen einem Wolf das von ihm gerissene Reh, das sie ihm weggenommen hatten, als sein Eigentum zurückgeben.[1] Obwohl sie sich beileibe nicht in Bayern zugetragen hat, soll den Lesern doch nicht die schöne Geschichte vom irischen Heiligen Molna und den Wölfen vorenthalten werden:

„S. Molna als Gastfreund der Wölfe Eines Tages ging der heilige Vater Molna, um nach der Viehherde seines Klosters zu sehen. Da sah er nicht weit vom Weg im Gesträuch Wölfe, die vor Hunger gen Himmel heulten. Von Mitleid bewegt, rief er sie heran und brachte sie ins Gästehaus. Dort wusch er ihnen, wie man Gästen zu tun pflegte, die Füße, ließ ein Kalb für sie schlachten und kochen und gab sich mit ihnen ab in aller Menschlichkeit. Und ein solches Gastmahl gab der heilige Molna den Wölfen Jahr um Jahr. Mit der Zeit begannen die Wölfe munter das Vieh des heiligen Molna gegen andere Wölfe und Diebe zu bewachen. Sie waren wie Hausgenossen mit den Hirten des Heiligen, und die einen kannten die andern. Und so taten diese Wölfe noch lange nach dem Tode des heiligen Molna.“[2]

Im Vergleich zu diesen Wölfen erscheint der Wolf von Gubbio, den der heilige Franziskus gezähmt und zu einem Bettelleben an den Türen der Menschen überredet hatte, als eine etwas kraftlose Gestalt.

Die drei bayerischen Wolfsheiligen

Simpert, Wolfgang und Radegundis haben in Bayern gelebt und gewirkt. Wie schon gezeigt wurde, finden wir sie nicht selten samt ihren Attributen in Kunstwerken, und deshalb verdanken wir ihnen schöne Wolfsdarstellungen.

Der heilige Simpert:
Er befiehlt dem Wolf

„Es ist in dieser gegend gewesen ain fraw die sich fliss andaechtiger guotter werck / die selb als sy die grossen hailigkait Symprechts erkennet / kam sy offt gen Augsburg zuo seinem grab von des gebets vn(d) andacht wegen. die selbig het ain klains kind / das sy gar muoterlich erzoh / woeliches auff ain zeit etwas zu weit von dem hauß gieng / vnd von aim wolf begriffen / hyngetragen ward in ain(en) wald. Als aber nun die muoter sich beraubt sach ires kindes / schluog sy an ir prust mit klaeglicher stym(me) / vnd was also geen vnwissend was sy thet / allain het sy noch ain guote hoffnung in die hilff des hailigen sant Symprechts / vnd bat in mit solchen worten. O hailiger sant Symprecht nit verschaech mich ellende / sonder hab mein kind in dein genad vnd schirm beuolhen / wann ich gelaub das durch dein fürbitten die goetlich senftmuetigkait barmhertzigklichen gestilt moeg werden. Do in solchen vn(d) andern worten sy also zuo dem hailigen ruoffet. nym(mer) war über etlich wenig stund ist das grausam thier der wolff mit dem kind / das er zuo seiner speiß geraubt het / widerumb herzuo geloffen / vnd hat das kind gleich an das ort da er es genommen het wider gesetzet on allen schaden / vnd ist eylents mit forcht widerumb gen holtz geloffen. Woelches kind die muotter in iren armen gen Augspurg truog / vnd yedermann saget wie sy

Grab des hl. Sola im Nordschiff der Solabasilika in Solnhofen im Landkreis Eichstätt.

das wider auß hilf des hailigen sanct Symprechts auß dem rachen des wolffs erlediget het. Und als sy ir gebeet vnd opfer da volbracht het machet sy ain(en) waechsin wolff mit ainem kind im maul tragend / vn(d) hencket in da auff zuo ainem zaichen des grossen wunderwercks das da geschehen war. der hernach lange zeit zuo bestaetigung diser geschicht vor den augen der zuokommenden gehanngen ist. Darumb zuo ewiger gedaechtniß dises wunderwercks malet man dem hailigen bischoff sant Symprecht ain(en) wolff zuo / mit ainem kind."[3]

Der heilige Wolfgang: Er opfert den Wolf

„Wiederum soll sich bei der Erbauung der Zelle und des Kirchleins ‚ein wunderbarliche Geschicht ereignet' haben. Wolfgang soll nämlich dem Teufel, ‚welcher sich vor ihme lassen', die Lieferung der notwendigen Baumaterialien aufgeboten haben. Der Teufel begehrte zur Belohnung den ‚ersten Pilgram, so zu dieser Cellen kommen' werde. Er ging auch auf die Bedingung ein, daß er am nächsten Tag zum Lohn erhalten werde, was ihm ‚zum ersten' begegnen würde. Am folgenden Tag zum Morgen näherte sich ‚auß Schickung Gottes' ein Wolf. Der Heilige sprach zum Teufel: ‚Siehe, dies ist dein Lohn! Nimm hin, was dein ist, und mache dich davon!' Tief erzürnt entgegnete ihm der Teufel: ‚O Bischoff, du hast mich betrogen! O wie schändlich werd ich von diesem Mönch betrogen!' Dann ergriff er den Wolf, ‚zerreisset ihn zu Stucken und ziehet ab unter erschröcklichem Heul-Geschrey'."[4]

Die Legende vereinigt die beiden immer wieder auftauchenden Motive *Der Teufel als Baumeister* und *Der geprellte Teufel*. Dabei hilft der Teufel bei der Vollendung eines größeren Bauwerks und bedingt sich dafür die Seele des Ersten, der zum Bauwerk kommt als Lohn. Während der Teufel sich peinlich genau an die Vereinbarung hält, denkt sich der menschliche Vertragspartner die List mit dem Tier – Hahn, Katze, Ziegenbock, Wolf und andere – aus, mit dem dann der geprellte Teufel vorlieb nehmen muss. Übrigens soll auch beim Bau des Aachener Doms der Teufel geholfen haben und statt mit der erhofften menschlichen Seele belohnt, mit der eines Wolfs abgespeist worden sein.

Holzgeschnitzte Gliedmaßen-Votive in der Einsiedelei-Kapelle von St. Hermann bei Bischofsmais.

Die selige Radegundis (Radiana): Sie wird von Wölfen getötet
„Die heilige Jungfrau Radiana oder Radegundis diente als Magd auf Wellenburg bei Augsburg. Sie zeichnete sich aus durch Liebe zu den Armen, besonders zu den Aussätzigen. Einst wollte sie diesen als Almosen Milch und Butter hinabbringen; da trat ihr der Burgherr entgegen, und die Gaben verwandelten sich in Lauge und Kamm, womit sie sonst für gewöhnlich die Aussätzigen wusch und pflegte. Als er wieder seines Weges ging, wurden sie in ihre vorige Gestalt zurückverwandelt. Während sie so mit Eifer für die Aussätzigen sorgte, wurde sie im nahen Wald von Wölfen angefallen und erbärmlich zerfleischt. Drei Tage später starb sie eines seligen Todes. Ihr Leichnam wurde nach Augsburg überführt, um in der Grablege ihres Herrn ehrenhalber bestattet zu werden. Auf einen göttlichen Wink aber wurde er dorthin zurückgebracht, wo die Heilige bei Lebzeiten den Aussätzigen gedient hatte. Dort ist nun eine Kirche erbaut, in der die Vorstorbene verehrt wird.“[5]

Andere in Bayern wirkende oder verehrte Heilige, Selige und Einsiedler

Auch andere Kirchenmänner, die in Bayern tätig waren oder an Wallfahrtsstätten verehrt werden, hatten bisweilen mit dem Wolf zu tun.

Der heilige Sola
Sola war ein angelsächsischer Mönch, der um 750 Bonifatius aufs Festland folgte und im Kloster Fulda zum Priester geweiht wurde. Karl der Große schenkte Sola ein Stück Land im Altmühltal, und dort ließ sich der Mönch im Jahr 758 als Einsiedler nieder. Als er 790 starb, vermachte er seine Einsiedelei dem Kloster Fulda, das dort Solnhofen (Landkreis Weißenburg-Gunzenhausen, Mittelfranken) gründete. Die Gebeine Solas ruhen im Nordschiff der nur noch in Resten erhaltenen Kirche, einer dreischiffigen Basilika, die zwischen 822 und 838 erbaut worden ist.[6]

„Der Einsiedler Sola
Solnhofen hat von dem heiligen Einsiedler Sola, der hier eine Zelle

bewohnte, den Namen. Von diesem Gottesmann wird gemeldet, er sei einmal auf einem Esel geritten, da sei ihm ein schrecklicher Wolf begegnet, worüber der Esel gar sehr betroffen gewesen sei. Da habe ihm Sola befohlen, guten Mutes zu sein und den Wolf anzugreifen; das habe denn auch der Esel getan, den Wolf mit Füßen geschlagen und mit Beißen erwürgt.“ [7]

Der heilige Hermann
St. Hermann, etwa ein Kilometer westlich von Bischofsmais gelegen, soll der älteste Wallfahrtsort des Bayerischen Waldes sein. Der heilige Hermann, der aus dem Benediktinerkloster Niederalteich stammte, lebte dort um 1320 in der Einsamkeit, ehe er ins heutige Frauenau ging. Die jetzige Anlage St. Hermann – Wallfahrtskirche, Einsiedelei-Kapelle, Brunnen-Kapelle – stammt aus dem 17. Jahrhundert. Ein Mirakelbuch wurde von 1642–1808 geführt. Es enthält Gebetserhörungen, die der Heilige durch seine Fürbitte erwirken konnte.

„1658 Thomas Schreiner hat angezeigt, daß sein zehnjähriges Töchterl den Ochsen im Eggen vorangegangen, sei unversehens ein hungriger Wolf über den Ochsen kommen, darauf die Ochsen mit der Eggen über das Mägdlein geloffen, der Wolf aber das Mägdlein bei der Hüft genommen und gebissen, so ihm aber durch Hilf und Schutz des hl. Hermann nicht geschadet hat.“ [8]

Der heilige Bernhard
Ebenfalls im Bayerischen Wald liegt St. Englmar, wo sich die Wallfahrt des seligen Englmar befindet und eine Nebenwallfahrt zum heiligen Bernhard. Der heilige Bernhard von Clairveaux (1090–1153) war nicht in Bayern, sondern in Frankreich tätig. Er verhalf dem Zisterzienserorden zu seinem großen Aufstieg. In Bayern gab es bedeutende Zisterzen, etwa in Aldersbach im Landkreis Passau oder in Fürstenfeld im Landkreis Fürstenfeldbruck. Im Mirakelbuch von St. Englmar findet sich ein Bericht über ein Wunder des heiligen Bernhard:

„Hans Pukl zu Glashütt, seines alters bey 100 jahren, vermeldt ..., er habe von seinen eltern gehert, so gleiches elter gehabt, daß in der Grien ein kindt verlohren worden. Als man den nachgesuchet, ist man auf eines wolfgespur (weil yber nacht ein kleiner schnee gefallen) kommen. In dem man ihm nachgegangen, da hat man verwunderlich gesehen, das kindt und den wolf bey s. Bernardus neben einander sizen, ohn einige verlezung. Als nun die leuth nahe herzue kommen, hat der wolf das maul aufgesperrt, als ob er hungerig were, aber niemandt beleidiget. Das einfaltige kindt wuste sich nit in gefahr zuhietten, sondern redet zu dem wolf ganz vertraulich wegen des maul aufspürens (Maulaufsperren) dies fragwort: Schläfert dich? Schläfert mich ähe. Dieses haben alle beywesente mit verwunderung angehert und das kindt ohn schaden wider zu sich genommen, und der wolf ist ohne iemends verlezung davon getrabt. Die Eltern haben wegen des kindts eine wäxene kerze auf ötting und ein opfer zu St. Bernardt versprochen. 1520.“ [9]

Ähnlich wie in der Sage *Der Wolf an der Wiege* tritt der Wolf in diesem Mirakel als helfendes Tier auf, als Jenseitswesen, das dem in Gefahr schwebenden Kind gesandt wird und es beschützt.

Der heilige Bruno
Auch der heilige Bruno von Würzburg hat sich nach einem Mirakelbericht mit dem Wolf abgegeben: Ein sechsjähriger Knabe aus Endsee sei um die Vesperzeit von einem Wolf gepackt, in den Wald geschleppt und an elf Stellen verwundet worden. Seine Mutter habe dreimal den hl. Bruno angerufen, worauf der Wolf von dem Kind abgelassen habe.[10] Der heilige Bruno (um 1005–1045) war Bischof von Würzburg und begann mit dem Bau des Würzburger Domes. Dort befindet sich auch sein Grab.

Der heilige Arsatius (Arsacius)
Der heilige Arsatius lebte im 4. Jahrhundert nach Christus in Mailand. Er soll dort einer der Nachfolger des heiligen Ambrosius als Bischof von Mailand gewesen sein. Die Legende berichtet, dass Arsatius zusammen mit seinem Bruder nach Konstantinopel gereist sei, dort von Kaiser Konstantin die Reliquien der Heiligen Drei Könige

erhalten und diese nach Mailand gebracht habe. Die Gebeine des Arsatius wurden im 8. Jahrhundert von Rom nach Ilmmünster (Landkreis Pfaffenhofen a.d. Ilm) gebracht, dessen Kloster bereits 762 von Tegernsee aus gegründet worden war. 1493 wurden das Chorherrenstift Ilmmünster zusammen mit dem Chorherrenstift Schliersee nach München übertragen, und 1495 brachte man auch die Reliquien des heiligen Arsatius in die Münchener Frauenkirche. Erst 1846 wurden sie wieder nach Ilmmünster zurückgegeben.

„Der Wolf des heiligen Arsatius
Den Hochaltar der Kirche zu Ilmmünster schmücken vier Holzreliefs, die das Leben des hl. Arsatius schildern. Eine Tafel zeigt uns die Überführung des Leichnams des Heiligen. Darüber erzählt eine Legende:

Der Leib des hl. Arsatius wurde im Jahre 746 von Mailand in das Benediktiner-Kloster Ilmmünster gebracht. Der Sarg war auf einen Bauernwagen geladen, mit zwei Ochsen bespannt. Als der Zug durch einen weiten, finsteren Wald kam, stürzte plötzlich ein Wolf aus dem Gehölz und zerfleischte einen der beiden Ochsen. Zur Strafe für den Frevel spannten die Begleiter den Wolf an den Wagen.

So mußte er an Stelle des gerissenen Tieres den Wagen ziehen helfen. Erst als das ungleiche Gespann in Ilmmünster ankam, erhielt der Wolf seine Freiheit wieder.“ [11]

Das Motiv des vom Heiligen bezwungenen wilden Tiers – Wolf, Bär – kommt ebenfalls in vielen Varianten in Legenden wie etwa auch der folgenden vor.

Der heilige Magnus („St. Mang“)
Der heilige Magnus wirkte im 8. Jahrhundert nach Christus als Missionar im Allgäu. Es gibt eine Legende um einen Platz mit Namen *Mangacker*:

St. Mang wollte mit seinem Begleiter Luito auf einer Anhöhe über Pfronten unterhalb der Berge Breitenstein, Aggenstein und Roßberg einen Acker anlegen. Luito war skeptisch – wegen der Höhenlage und weil Pflug und Hacke fehlten. Als die heiligen Männer noch sprachen, trat aus einer Felsenhöhle unversehens ein zorniger Hirsch und bedrohte Magnus und Luito mit seinem mächtigen Geweih. Hinter dem Hirsch drängten, in gereizter Stimmung, ein Bär, ein Wolf und ein Steinbock aus der Höhle. St. Mang war jedoch unerschrocken und machte über den vier Tieren das Kreuzzeichen und befahl ihnen, Gott gehorsam zu sein. Dem Bären trug er auf, im Tal einen Pflug zu besorgen und dem Wolf, den Bären zu begleiten und eine Hacke zu beschaffen. Hirsch und Steinbock hieß er, mit Hörnern und Geweih die Grasnarbe abzutragen. Als das geschehen war und auch Pflug und Hacke bereitstanden, spannte der heilige Mann die Tiere unter das Joch des Pfluges, und so bestellten Magnus und Luito den

Acker. Danach entließ der heilige Magnus das Quartett unter Dankesworten. In Luitos Reisesack fanden sich Getreidekörner für die Aussaat, und das Getreide ging auf.[12]

Zum Attribut des Heiligen konnte allerdings nicht der Wolf, sondern der Bär aufsteigen und zwar wegen einer anderen Geschichte: Magnus war mit seinen Glaubensbrüdern im wilden Allgäu unterwegs und sie wussten nicht, woher sie sich Nahrung beschaffen sollten. Da sah Magnus einen Bären, der unter einem Baum die herabgefallenen Äpfel fraß. Magnus befahl ihm, die guten Früchte liegen zu lassen und sich mit den schlechtern zu begnügen und entfernte sich, um seine Gefährten zu holen. Als sie miteinander zum Baum kamen, stand der Bär noch darunter, hatte aber keinen Apfel mehr gefressen.

Freskenzyklus von Jakob Steinfeld im Chorgewölbe der Klosterkirche von Waldsassen im Landkreis Tirschenreuth.

Der Einsiedler Gerwich
Das Zisterzienserkloster St. Johannes in Waldsassen im Landkreis Tirschenreuth wurde 1133 durch Markgraf Diepold III. von Vohburg gegründet. Im Chorgewölbe der barocken Stiftskirche hat Jakob Steinfeld in einem Freskenzyklus die Legende des Einsiedlers Gerwig, der Diepold zur Gründung bewegt haben soll, dargestellt.

„Wunderbar lauten Geschichte und Sage von der Weihe des Gotteshauses zu Waldsassen:

Als die Mönche mit Wigand und Gerwich wie gewöhnlich in der Nacht zum Gebet aufstanden, umgab sie vom Himmel herab eine rötliche Helle, in der sie eine große Prozession von Priestern sahen; hinter den Priestern einen mit oberhirtlichem Ornat angetan, und dieser weihte den Altar der Kirche, wobei ihm die übrigen dienten.

Wigand, der sich aus Furcht vor dieser Erscheinung in das Geheck der Brombeerstauden verborgen hatte, wurde nun von dem Einweihenden mit überaus sanfter Stimme herbeigerufen und auf folgende Weise angeredet: ‚Fürchte dich nicht! Ich bin der Evangelist Johannes, gesandt vom Herrn, diesen Ort mir und seiner jungfräulichen Mutter einzuweihen. Der Dienst Gottes hier wird so lange nicht aufhören, als er Gott wohlgefällig ist; aber vieles müssen die Knechte Gottes leiden, daß sie geprüft durch Leiden eingehen in die Herrlichkeit'. So sprach er und verschwand mit seiner Begleitung in die Lüfte.

Und es erschien eine ungeheure Menge Wölfe, die ihre Zähne gegen den Himmel fletschten und fürchterlich heulten; dann verschwanden die scheußlichen Gestalten, die die künftigen Widersacher des Klosters andeuten mochten.

Schnell verbreitete sich der Ruf von dieser wundervollen Erscheinung, die noch heute in der Kirche Waldsassens auf einem Gemälde zu sehen ist.“ [13]

Auf dem Gemälde sind allerdings die Wölfe nicht abgebildet.[14] Vielleicht wollte der Künstler sich und dem Betrachter den Anblick der *scheußlichen Gestalten* nicht zumuten.

Die Gottesmutter Maria

Auch die Gottesmutter Maria gebietet den Wölfen, und sie gehorchen ihr.

Das Mirakelbild von Dettelbach
In Dettelbach am Main im Landkreis Kitzingen hängen im Langhaus der Kirche vierundzwanzig Mirakelbilder, die das Kloster um 1660 anfertigen ließ. Auf ihnen ist dargestellt, wie die Muttergottes den Gläubigen geholfen hat. Eines der Bilder zeigt einen großen Wolf vor einem Dorf, der ein Kind im Maul trägt. Im Vordergrund

des Bildes flehen zwei Männer vor einem Haus zu der über den Wolken thronenden Gottesmutter. Der Text dazu lautet:

„Anno 1506 23 July Richardus Schiller von Bibergau 5 Jahr altt, von einem Wolff geraubet, wird durch furbitt der Heiligen Mutter Gottes Zu Dettelbach ohne verlezung seiner gesundheit Restituiret."

Das Mirakelbild mit dem Wolf ist ebenso wie die anderen Mirakelbilder in den vergangenen Jahren restauriert worden.[15]

Das Marienbild von Dimbach

Das Gnadenbild in der Kirche *Maria im Rosenkranz* in Dimbach (Stadt Volkach, Landkreis Kitzingen) ist eine Schnitzarbeit und wird auf das Jahr 1398 datiert. Die Gottesmutter hält das Kind auf dem rechten anstatt wie sonst meist üblich auf dem linken Arm. Eine Legende, in der es um eine Erpressung geht, bietet dafür eine Erklärung an:

„Es war um das Jahr 1312, da hatte sich eine Bäuerin von Dimbach samt ihrem Knäblein hinaus auf das Feld zur Arbeit begeben. Wie das nun zu geschehen pflegt, hatte sie das Kindlein auf dem Boden ins Gras gesetzt.

Zum Gnadenbild von Dimbach im Landkreis Kitzingen gibt es eine Wolfslegende.

Während sie der Arbeit oblag, kam ein Wolf und trug es davon. Mit Entsetzen hört die Mutter das Geschrei ihres Kindes, aber anstatt dem Wolf nachzulaufen, eilt sie spornstreichs zum nahen Kirchlein, reißt der Muttergottes das steinerne Jesukindlein vom Arm und beteuert, es nicht eher zurückgeben zu wollen, als bis sie ihr eigenes Kind aus den Klauen des Raubtieres zurückerhalten hat. Damit verläßt sie die Kirche und läuft mit dem Jesukindlein im Arm verzweiflungsvoll wieder dem Feld zu. Und siehe da, das grimmige Raubtier kommt der Verzweifelnden entgegen und legt ihr das Söhnlein wohlbehalten zu Füßen. Darauf bringt die Mutter voll Dank und Jubel das Jesukindlein der Muttergottes zurück, nur daß sie es anstatt auf den linken Arm, auf dem es zuvor geruht hat, auf den rechten hinsetzt. Von jener Stunde an ist viel andächtiges Volk nach Dimbach gezogen; auch der Ruf jenes Bildes ist in ganz Franken verbreitet worden."[16]

Das Motiv der Geiselnahme und Erpressung kommt bereits in der Antike vor und wurde von den heidnischen Heilgöttern auf helfende Heilige übertragen. Im mittelalterlichen Legendenbuch *Legenda aurea* des Dominikaners Jacobus de Voragine erzwingt eine Mutter die Rückgabe ihres Sohnes von der Gottesmutter, indem sie deren Sohn raubt. Inzwischen ist zweifelsfrei geklärt, dass das Kind stets auf der rechten Seite seiner Mutter gesessen hat, allerdings einst tiefer fixiert war.[17]

Um 1312 soll der Würzburger Fürstbischof Andreas von Gundelfingen barfuß nach Dimbach gewallfahrtet sein und die Gottesmutter um die Beendigung der großen Hungersnot angefleht haben. Im Jahr darauf hatte es dann eine reiche Ernte gegeben, und die Wallfahrt setzte verstärkt ein.[18]

Die Entstehung der Wallfahrtskirche Grünsink bei Weßling
Nordwestlich von Weßling/Landkreis Starnberg steht die im 18. Jahrhundert erbaute Wallfahrtskirche Mariahilf. Über ihren Ursprung berichtet die Sage:

„Vor ungefähr hundert Jahren waren in der Gegend von Weßling noch große und unduchdringliche Waldungen, so daß sich sogar Jäger zuweilen verirren konnten.

Einmal begegnete dies auch einem herrschaftlichen seefeldischen Jäger. Er fand den rechten Weg nicht mehr, und weil es Nacht geworden war, so verlor er zuletzt jede Richtung und Spur. Damals war es nichts Kleines, zur Nachzeit in einem Wald zu übernachten, weil es noch Wölfe gab. Deshalb fing der Jäger zu beten an, flehte in seiner Herzensangst zur Mutter des Herrn und gelobte ihr, wenn er das grüne Tal (die grüne Siek) am Etterschlager Weg erreiche, ein Bildnis dort aufzustellen.

Der Jäger fand den rechten Weg und die bekannte Grünsiek und ging sodann nach der Einöde Schluifeld, um dort zu übernachten. Beim Bauern von Schluifeld sah der Jäger ein Bildnis der Muttergottes, das ganz vernachlässigt war, und erhielt es leicht zum Geschenk. Dieses Bild stellte er in einem hohlen Baum auf und verehrte es. Das Volk kam bald herzu, um das Bild zu sehen, und weil einige durch die Fürbitte der Muttergottes Hilfe erlangten, so fanden sich bald mehrere zur Andacht ein. Es fielen Opfer und allerlei Geschenke, und man sah sich genötigt, eine Kapelle zu bauen, die durch die Freigebigkeit der Gräfin von Seefeld Vergrößerung erhielt.

In der Nähe der Kapelle soll es zur Nachtzeit auch schon öfter gespukt haben. Etliche, die spät heimgingen, haben einen Pudel gesehen, der schwarz von Farbe war und keinen Kopf hatte. Man nennt dieses Gespenst den ‚Grünsieker Pudel'." [19]

SPRUCH UND KLANG

Um den Wolf fernzuhalten und zu bannen wurden Reim, Klang und Rhythmus eingesetzt, ebenso bei der mehr spielerischen Beschäftigung mit der Figur des gefürchteten Tiers, etwa im Kinderreim, oder bei den auf Erfahrung oder Vorurteil beruhenden Sprichwörtern, Redensarten und Wetterregeln.

Wolfsegen

Überliefert sind einige so genannte *Wolfsegen*: magische Zaubersprüche, in denen Gott oder Heilige angerufen werden, damit sie die Wölfe vom Vieh fernhalten.

„Ich treip heut aus in unser lieben Frauen Haus, in Abrahams Garten, der lieb Herr sant Martein der soll meines viehes pflegen und warten, und der lieb herr sant Wolfgang, der lieb herr sant Peter, der hat den himelischen slussel, die versperrent dem wolf und der vohin irn drussel, daß sie weder plut lassen noch bein schroten. Des helf mir der man, der chein übel nie hat getan und die heiligen V Wunden behüten mein vieh vor allen Holzhunden. V Pater et V Ave Maria." [1]

Dieser aus dem 15. Jahrhundert stammende Wolfsegen bemüht die beiden Hirten- und Wolfspatrone Martin und Wolfgang, außerdem St. Peter – der mit seinem Schlüssel das Maul versperrt, Maria, Abraham und Jesus – der keine Schuld auf sich geladen hat. Zum Segen gehören noch je fünf Vaterunser und Avemaria. Bemerkenswert ist übrigens, daß dem männlichen Wolf das weibliche Tier, die *vohin* beigesellt und der eigenen Erwähnung für wert befunden wird.

Die folgenden beiden Wolfsegen stammen aus dem Bayerischen

Wörterbuch des Johannes Andreas Schmeller:

„O herr vater iesu Crist, wie ain hei'liger man du pist, als wenig dir chain mensch mag geleichen, als wenig sol mir chain wolf noch wulfin daz vich nymmer peyßen."

„Heiliger herr sant Simeon, mein vich sol daz jar zu holcz und zu veld gan, zu waid und zu wasser, wie ims der lemptig got hat beschaffen. Nim den himelschlüssel, und versleus allen wolffen und wülfin iren drüssel, daz es gee als tierlos und als dieblos und alls ubels los, als unser lieber herr unter dem heiligen kreuz war genoßlos."[2]

Wieder wird Petrus (Simeon) angerufen. Die unwiderlegbare Gewissheit von Glaubensüberzeugungen wird auf den Schutz vor dem Wolf übertragen. Auch diese beiden Wolfsegen erwähnen eigens die Wölfinnen!

Im Jahr 1840 kam Hanns Bressel von Leimdorf bei Altdorf ins Gefängnis. Er hatte mit Zaubersprüchen Diebe und Wölfe vertrieben:

„Item vor fünf Wochen hab er einem zum Gostenhofe etlicher Hämmel, die ihme verstohlen waren, mit solchem Segen wieder geholfen:

Der Wolfs-Segen
Du Wulfin (Wölfin) und du Bock (Wolf), Ich verbeut dir deinen Geith (Begierde), Mit den 14 Nothelfern und dem leben Herrn St. Veit, Daß er mir kein Kuh, noch kein Kalb nit beiß', Noch ihr Haut zerreiß', Und ihr Blut nit lauf', Als lang Unser lebe Frau reine Maid (Jungfrau) ist. Und soll das Viehe als wohl gesegnet sein, Als das heilige Wasser und der Wein, Und als das heilig Himmelbrot, Das Unser lieber Herr sein 12 Jüngern bot, Und wo ichs hab unter meinem Stab, Zu Dorf und zu Felde und zu Walde. Im Namen des Vaters und Sohns Und heiligen Geists.

Ueber solchen Segen hab nie kein Wolf dem Viehe, so er gehütet hab, nie nichts gethan.

Er mochte dies noch so sehr beteuren, es half ihm nichts. Er wurde des Landes verwiesen ‚ewiglich über Thunaw (Donau) zu sein'; darauf mußte er einen Eid und eine Urfehde schwören (ein eidliches Gelöbnis, daß er sich wegen der ihm auferlegten Strafe nicht rächen wolle)."[3]

In Bayern und Österreich hat es bis um die Zeit der Säkularisation an vielen Orten einen *Wolfsegen* im Rahmen der Mitternachtsmesse an Heiligabend gegeben. Der Geistliche trat nach der Messe mit dem Allerheiligsten vor die Kirche hinaus, sang die vier Evangelien und spendete in die vier Himmelsrichtungen den Segen. Im Volksglauben galt dieser Segen als wirksam bei der Abwehr wilder Tiere.[4]

Sonstige Sprüche und Reime

Sprichwörter, Kinderreime, Wettersprüche, die sich mit dem Wolf beschäftigen, können in gleicher oder ähnlicher Form im ganzen deutschen Sprachgebiet verbreitet oder auch nur in manchen Gegenden gebräuchlich sein.

In Deutschland verbreitete sprichwörtliche Redensarten[5]
„mit den Wölfen heulen": tun, was das mehrheitliche Umfeld tut. Meist ist damit gemeint, dass einer um des eigenen Vorteils willen etwas tut, was eigentlich abzulehnen ist. Die Redensart war bereits im Spätmittelalter gebräuchlich.

„ein Wolf im Schafspelz": ein böser Mensch, der sich scheinheilig verstellt, um andere zu täuschen und ihnen zu schaden. Im Neuen Testament heißt es bei Matthäus 7, 15: „Sehet euch vor vor den falschen Propheten, die in Schafskleidern zu euch kommen; inwendig aber sind sie reißende Wölfe." In dem Fastnachtsspiel *Die Parabel vom verlorenen Sohn* (1527) von Burkhard Waldis heißt es: „Wan der wulf wil roben gan, so tuet er schapes kleder an".

„hungrig wie ein Wolf“: beschreibt einen großen Hunger, etwa einen Wolfs- oder Bärenhunger und zeigt, dass aus Unkenntnis und wegen der Diskriminierung dem Wolf besondere Gefräßigkeit unterstellt wurde.

„Jeder ist des anderen Wolf“: Jeder denkt nur an sich und seinen Vorteil und schreckt dabei nicht vor der Schädigung der Mitmenschen zurück. Als lateinischer Spruch: „Homo homini lupus“.

„den Wolf bei den Ohren halten“: Das muss jemand, der sich auf eine Sache eingelassen hat, die er weder gut zu Ende führen, noch abbrechen kann. Er steckt in einer misslichen Lage, denn wenn er die Ohren los lässt, gefährdet er sich selbst.

„versuchen, dem Wolf etwas aus dem Rachen zu reißen“: Man lässt sich auf ein großes und höchst gefährliches Unternehmen ein.

„eine Gegend, wo die Wölfe einander gute Nacht sagen“: eine unsichere, gefährliche Gegend.

„sich einen Wolf laufen oder reiten“: sich wundlaufen/-reiten.

„wie durch den Wolf gedreht“: Gefühl des völligen Zerschlagenseins. Die Redensart bezieht sich auf die *Maschine Wolf*, die dem Zerkleinern dient (Fleischwolf, Reißwolf).

In Gegenden Bayerns gebräuchliche sprichwörtliche Redensarten

„Kimmt alls hoam was d Wolf net fressn!“ (Bayerischer Wald)[6]

„Wou d Schåuf san, is aa da Wolf niat weit.“ (Nordbayern)[7]

„Der Wolf frißt ou de zéllte Schäf.“

„Wemba de Wolf nennt, kummt a g'rennt.“ (Allgäu)[8]

Kinderreim

Der folgende Reim war früher bei den Kindern in der Gegend von Windpassing im Landkreis Passau verbreitet[9]:

„Wer geht, wer geht?
Da Woöf, da Woöf
Wo geht er hin?
Af Dingolfing.
Wos kaft er ei?
Solat und Wei.
Wos na dazu?
Woöf, stühl ma fei
Koa Lampei nöt!
A woöh, a woöh“.

Der Brauch des „Wolfauslassens“

In einigen Orten des Bayerischen Waldes gibt es einen noch immer sehr lebendigen Brauch: das *Wolfauslassen*, auch *Wolfablassen* oder *Wolfaustreiben*. Der Brauch hatte früher ein größeres Verbreitungsgebiet; es reichte bis in den Böhmerwald und ins Mühlviertel hinein. Heute wird der Wolf insbesondere in Rinchnach im Landkreis Regen, auch noch in St. Oswald im Landkreis Freyung-Grafenau und in Lalling sowie Grafling im Landkreis Deggendorf [10] ausgelassen.

Der Ablauf

Am Abend des 9. und 10. November, am Vorabend des Martinstages, dem 11. November, tun sich Männer und junge Burschen eines Ortes zu Gruppen zusammen. Sie hängen sich große, schwere Viehglocken um die Hüften, andere – besonders Kräftige – tragen bis zu fünf Meter lange Geißeln. In manchen Gegenden wurde auch ein in Pelze gekleideter *Wolf* an einer Kette mitgeführt. Der Anführer der Gruppe war früher der Dorfhirte. Er trägt einen Hirtenstecken und fragt: „Buam, hat's oisant da?“ und der *Wolf* – die gesamte Gruppe – antwortet: „Ja!“. Anführer: „Geht koana a?“ Wolf: „Na!“. Anführer: „Buam, riegelts enk!“ Darauf werden die Glocken im Takt hin- und herbewegt, was einen ungeheuren Lärm macht. Dann lassen die Geißelschnalzer ihre Geißeln klingen. Die Gruppe zieht anschließend von Haus zu Haus. Der Anführer klopft an die Tür und wenn geöffnet wird, sagt er seinen Hirtenspruch. Der *Wolf* fängt darauf wieder

Das „Wolfaustreiben“ oder „Wolfauslassen“ in Richnach im Bayerischen Wald.

mit dem Läuten an, dazwischen und danach ertönt das Geißelschnalzen. Hausherr oder Hausfrau geben dem Hirten Geld. Früher bekam er auch Naturalien wie Brot, Eier, Speck. Die Gerte wurde hinter die Stalltür gesteckt, und mit ihr trieb man im Frühjahr das Vieh wieder aus.

Die Hirtensprüche

In Rinchnach lautet der Hirtenspruch etwa so:

„Kimmt da Hirt mit seiner Girt,
und hod sei Johr mit Freid ausghirt,
Glück hinein, Glück hinaus
an Hirta sei Johr ist wahrhaft aus.
Kimmt da Hirt hoam vom Hirtn,
steht a blaue Suppn in da Rean.
Sagt'a von an bessern Essn,
haut'n Baierin ei in d'Fressn.
Sagt a von an druggan Ko',
rennt'n Baierin zamm auf's Lo'.
Baierin sitzt hint in da Hai,
schaut viara wia a Krei.
Ejz hör i an Schlüssl scha klinga,
werd da Bauer in d'Kamma springa
und an Fünfa außa bringa
Mit dem hamma na ned gnua,
an fest'n Kei Braod dazua
Legad's Ga(r)t am Disch,
daß wißt's daß morgn Martini is.
Buam riegelt's enk!“ [11]

Einen Spruch aus dem nördlichen Wolfsteiner Land, Gegend um Freyung, hat in den Zwanzigerjahren dieses Jahrhunderts Pfarrer Josef Hausl aufgeschrieben:

„Kimmt der Hirt mit seiner Girt,
er hat sein Jahr mit Freuden ausg'hiat.
Glück hinein, Glück hinaus,
jetzt ist dem Hirt seine Zeit aus.
Der hl. Martin ist zu uns kemma
und hat gsagt, wir solln Urlaub nehma.
Der Hirt ist ganga über Distel und Dorn,
drum gebt ihm a Schüssel voll Korn.
Ein weißer Laib Brot
tät ihm auch not.
Eine Hand voll Groschn
könnt ihr leicht zammroschn.
Schenken wir dem Bauern auch eine Gab,
schenken wir ihm die Mirtlesgart.
Soviel Kranawittbirl [Wacholderbeeren],
soviel Kaibl und Stierl,
soviel Tannenzäpfl,
soviel Böckl und Betzl.
Steckt die Gerten hinter die Tür

und zieht sie aufs Jahr mit Freuden
herfür,
gebt sie's dem Hirten in d'Händ,
daß er Küah und Kaibl wieder
kennt."[12]

Ein Spruch aus der Gegend von Schaufling im Lallinger Winkel im Landkreis Deggendorf lautete:

„Kimmt da Hüat mit seina Girt,
dös Jahr (is) mit Freudn ausghüat.
Das Jahr is 26 Wochan; dös is a lange
Zeit;
i hab mi scho lang auf Martini gfreut.
Da Hüata muaß außi, is's hoaß oda
is's koit;
wenn eahm im Summa s'Gveichat
recht bißt (herumlauft),
is a schlechta Gspoaß;
wenn i hoamkimm, sagt d' Bä(u)rin:
In d' Rehn (Röhre) drinn is a Tröpfi
blobi Suppn!
Her i d' Schlüssl klinga,
Wird da Baua in d' Kamma springa,
wird an Zwanzga rausholn oda gar an
Dukatn.
Soviel Hoiwuzl, soviel Köibastutzl,
soviel Oechsl und Stier.
Mit'n Schlögl daschlagn, mit'n Soack
daha(u)t.
Daß morgn af d' Nacht 'n Wolf neamt
tra(u)t!
Leg i mei Gart am Tisch,
daß ös wißts, daß morgn Martini is!"[13]

Was steckt dahinter?

Über Ursprung und Bedeutung des Brauchs gehen die Meinungen auseinander. Auf jeden Fall vereinigt das Wolfauslassen zwei Elemente: Erstens den Heischegang des Hirten, mit dem er sich den Lohn für das zu Ende gehende Hirtenjahr holt und die Glück und Segen bringende Gerte übergibt und zweitens das auch von anderen Bräuchen bekannte Lärmen, hier mit Glocken und Peitschen. Möglicherweise waren die beiden Elemente früher getrennt und haben sich erst zu Ende des 19. Jahrhunderts zu einem einzigen Brauch vereinigt: „Das Element Lärmen ist sicher uralt, der Lohngang des Hirten alt und der gemeinsame Brauch, wie er sich heute vorstellt, verhältnismäßig jung."[14]

Was hat nun das Ganze mit dem Wolf zu tun? Im Frühjahr führten die Hirten die ihnen anvertrauten Rinder, Schafe und Ziegen auf die Waldweiden. Mit dem Schnalzen der Geißeln und dem Lärmen der Glocken wurde der Wolf zu Beginn der Weidezeit von der Herde *abgeläutet* – eine Art magisch-kultische Handlung, um ihn zu bannen. Trotzdem werden sich bisweilen im Verlauf des Sommers hungrige Räuber genähert haben. Die Hirten hatten eine große Verantwortung: „Sie trieben die Gemeindeherde auf die Bergweiden und übten nicht nur die Kunst, die Tiere zusammenzugewöhnen, sondern sie mußten das ihnen anvertraute Vieh in manchen Nächten auch gegen Raubwild schützen, wobei das Peitschentuschen die Wölfe und Luchse, das Schwingen brennender und glühender Holzscheite auch die Bären verjagte – und das Schebbern der Glocken an den aufgescheuchten Rindern tat sein übriges. Um Martini kamen die Tiere wieder in die Ställe der Dörfer zurück und nun peitschten und glockten die Hüter den Bauern kräftig etwas vor, um sich ihren wohlverdienten Hüterlohn zu holen. Die Raubtiere des Waldgebirges aber waren von den im Sommer so wachsamen Hirten jetzt zur Winterszeit ‚ausgelassen'".[15] Danach könnte das *Wolfauslassen* die Erinnerung an eine Haltung gegenüber dem Tier tragen, die dem Menschen längst abhanden gekommen ist: Der Wolf, den man, solange das Vieh auf der Weide war, mit allen Mitteln versucht hat zu bannen, darf jetzt – als Entschädigung und Versöhnung – wieder frei herumlaufen. Peitschentakt und Glockenklang sind nun für ihn das Zeichen, dass ihm der Wald wieder allein gehört.

Das Heulen dient der Kommunikation über weite Distanzen und stärkt zudem den Zusammenhalt des Rudels.

Wer ist der Wolf?

verehrt, verleumdet, verflucht, verstanden

Die vorgestellten Spuren erweisen sich bei näherer Betrachtung häufig als Spuren der Phantasien, Wunschvorstellungen und Ängste, die Menschen in der Auseinandersetzung mit dem Wolf entwickelt haben. Sie spiegeln das Tier in verzerrten Bildern, die durch vom Menschen zugewiesene Rollen bestimmt sind. Dem realen Wolf, seinen Verhaltensweisen, seiner derzeitigen Situation und seinen Zukunftschanchen soll daher zum Abschluss des Buchs noch nachgespürt werden.

SEINE ROLLEN

Seit Urzeiten haben Wolf und Mensch in einem gemeinsamen Raum gelebt. Seit Urzeiten war der Wolf für den Menschen eine beeindruckende Gestalt, und er hat ihm – wie anderen Tieren, den Pflanzen und Erscheinungen der unbelebten Natur – Rollen in seiner Weltsicht zugewiesen. Im Lauf der geistes- und kulturgeschichtlichen Entwicklung des Menschen und seiner Ausbreitung im gemeinsamen Lebensraum wandelten sich die dem Wolf übertragenen Rollen ständig zum Schlechteren.

Götterwesen

In der Mythologie der alten Ägypter, der Griechen und Römer, der Kelten und Germanen treten Wölfe auf – als göttliche, verehrte, teilweise auch gefürchtete Wesen. Viele Götter konnten Tiergestalt annehmen und taten es, wenn es ihnen günstig erschien. Tierverwandlungen von Göttern sind Reste einer noch älteren Entwicklungsstufe, in der tiergestaltige – theriomorphe – Götter herrschten, wie etwa noch im 2. Jahrtausend vor Christus in Griechenland. Auf einer eher späten kulturgeschichtlichen Entwicklungsstufe des Menschen gibt es dann noch die Vorstellung, dass Tiere einen Gott oder eine Göttin begleiten und ihm oder ihr hilfreich zur Seite stehen.

Griechisch- römische Mythologie
Hekate, eine vorolympische Göttin, ist Herrin der Unterwelt. Sie streift nachts mit den Totenseelen umher und hat den Beinamen *Hündin* oder *Wölfin.*

Ebenfalls eine Wolfsgöttin ist Leto. Sie sollte nach dem Willen der eifersüchtigen Hera die von Zeus in Didyma bei Milet empfangenen Zwillinge Apollon und Artemis an einem dunklen Ort gebären. Zeus verwandelte Leto für 12 Tage in eine Wölfin, und in dieser Gestalt gelangte sie nach Delos und brachte dort die Kinder zur Welt. Nach einer anderen Fassung wurde Leto von einer Schar Wölfe nach Delos geführt. Es gibt auch die Erzählung, dass die Göttin in ein Land der Wölfe, nach Lykien – Wolfsland – in Kleinasien, gekommen sei und dort die Zwillinge geboren habe oder auch erst nach der Geburt der Kinder nach Lykien gekommen sei. In Lykien sollen Wölfe sie zum Fluss Xanthos geführt haben. Leto habe dort ihre Kinder gebadet und das Land Lykien genannt.

Apollon konnte sich in einen Wolf verwandeln. In dieser Gestalt tötete er Feinde und schlief mit seiner Geliebten Kyrene.

Zeus wurde – eine Version von mehreren – in Arkadien auf dem Berg Lykaion geboren. Auf dessen Gipfel befand sich der heilige Bezirk des *Zeus lykaion*, in dem kein Wesen Schatten warf. Zeus wurde dort in Wolfsgestalt verehrt und in archaischer Zeit gab es ihm zu Ehren Menschenopfer. Nach dem Genuß der Eingeweide des menschlichen Opfers – so die Vorstellung – wurde der Priester zum Wolf.

Keltische Mythologie
Auch die Kelten kannten tiergestaltige Götter, Tierverwandlungen und Tiere als Begleiter von Gottheiten. So konnte Taranis, der Herrscher des Himmels, Pferdegestalt annehmen, Teutates wurde von Eber und Widder begleitet, Esus hatte Hirsch, Stier, Widder und Schlange als Begleiter. Pferdegestaltig wurde häufig die Göttin Epona dargestellt, als Bärin Artio. Cernunnus tritt gern in Hirschgestalt auf. Nichts deutet allerdings auf einen *Wolfsgott* hin. In einer von vielen Szenen auf dem berühmten Silberkessel von Gundestrup ist Cernunnos, gekennzeichnet durch seine Sitzhaltung mit untergeschlagenen Beinen und durch das mächtige Hirschgeweih auf seinem Kopf, von Tieren umgeben. In seiner rechten Hand hält er einen Ring. Ihm zur Rechten steht ein Hirsch, mit seiner Linken hält er eine Schlange, ebenfalls links von ihm steht ein Wolf: Cernunnos hält den Wolf vom Hirsch fern.

Germanische Mythologie
Auch wegen der frühen Christianisierung des heute zu Bayern gehörenden Gebiets wissen wir wenig Gesichertes über die Religion unserer heidnisch-germanischen Vorfahren. Die nordische Mythologie kann nicht ohne weiteres auf die Südgermanen übertragen werden, auch wenn von bestimmten gemeinsamen germanischen Glaubensvorstellungen ausgegangen werden kann. Göttliche Wölfe kamen bei den Germanen jedenfalls vor.

Odin-Wodan: Der oberste Gott heißt bei den Nordgermanen Odin, bei den Westgermanen Wodan. Er ist der Gott der Schlachten, aber auch der Weisheit. Sitzt er auf seinem Thron Hlidskialf im himmlischen Asgard, dann liegen die Wölfe Geri – der „Gierige“ – und Freki – der „Gefräßige“ – zu seinen Füßen, und Odin Wodan gibt ihnen Fleisch des Ebers Sährimnir, der täglich vespeist wird und täglich neu ersteht. Odin-Wodan kann sich auch selbst in einen Wolf verwandeln.

Wilde Jagd: Wölfe, oder Hunde, ziehen neben anderen Tieren auch bei der *Wilden Jagd* oder im *Wilden Heer* mit. Diese Vorstellung eines Geister- oder Totenheeres, das besonders in den Rauhnächten oder *Zwölften* zwischen Weihnachten und Dreikönig

Wolfskrieger auf der alemannischen Schwertscheide von Guttenstein (Baden).

durch die Lüfte jagt, ist im gesamten germanischen Gebiet und darüber hinaus verbreitet. Sie hat sich aus dem Heidnischen bis weit ins Christliche hinein erhalten. Es gibt viele Sagen dazu, auch in Bayern. Der *Wilde Jäger*, der Anführer, ist häufig Wotan, daher stammen auch die Bezeichnungen Wuotesheer, Muotesheer. Anführer können auch Frau Holle, Frau Bercht, Rübezahl, Herodes, Dietrich von Bern sein. Wenn schließlich der Teufel als Anführer auftritt, ist klar, daß wir es mit christlicher Dämonisierung alter heidnischer Glaubensvorstellungen zu tun haben.

Der *Fenriswolf* oder *Wolf Fenrir* ist kein Gott, stammt aber von einem Gott ab. Als Sohn Lokis und der Riesin Angrboda wuchs er unter den Göttern auf und wurde schnell so groß und gefährlich, daß die Götter ihn zu fürchten begannen. Nur Tyr war furchtlos genug, dem Wolf sein Essen zu reichen. Schließlich beschlossen die Götter, das Ungeheuer zu fesseln. Die Zwerge stellten eine unzerreißbare Kette her, aber Fenrir wollte sie sich nicht umlegen lassen. Erst als Tyr ihm als Unterpfand seine Hand in den Rachen legte, war er besänftigt und ließ sich fesseln. Als Fenrir merkte, daß er die Fessel nicht zerreißen konnte, biß er Tyrs Hand ab. Der Fenriswolf wird erst beim Weltuntergang wieder frei. Er wird dann die Sonne verschlingen und im Kampf Odin töten.

Weiterleben heidnischer Göttertiere nach der Christianisierung

Auch das Christentum konnte die in Tiere verwandelten Götter nicht so ohne weiteres völlig abschaffen. Tierverwandlungen sind selten, kommen aber vor: etwa Maria als weiße Gemse in alpenländischen Sagen, Christus, der als Hirsch dem Eustachius und dem Hubertus erscheint und der Heilige Geist in Gestalt einer weißen Taube.

Als Begleiter von Heiligen bewahren auch die Wölfe sogar im Christentum noch etwas von ihrer ursprünglichen Göttlichkeit, auch wenn die positive Rolle in den bayerischen Legenden zum Schlechten hin verzerrt ist, wie die Legenden von Simpert, Wolfgang und Radegundis zeigen. Noch Hans Sachs nennt die Wölfe die *Jagdhunde Gottes*. Im Grimmschen Märchen *Des Herrn und des Teufels Getier* hat Gott unter seinen Geschöpfen die Wölfe zu seinen Hunden auserwählt und hat sich der Teufel die Geißen geschaffen[1]. In verschiedenen Legenden bringen Wölfe die von ihnen geraubten Kinder auf das Geheiß der Gottesmutter oder eines Heiligen zurück.

In Personennamen und Wappendarstellungen wird dem Wolf noch immer in seiner frühen Rolle als göttliches und verehrtes Tier gehuldigt.

Aus der Zeit der Steinzeitjäger dürfte das noch lange wirksame Namenstabu stammen. Die Namen von Jagdtieren und der als besonders mächtig empfundenen Tiere, etwa auch des Bären, wurden nicht genannt. Man vermied den Namen des Wolfs ganz oder nannte ihn nur *Er* oder fand Umschreibungen wie *Langschwanz*, *Holzhund*, *Waldhund*, *Der Graue* für ihn. In Norwegen hieß er *magerer Alter*, bei den Inselschweden *Waldvater*, im Litauischen *Funkelauge* oder *Waldgott*, in Frankreich *chien des bois*[2].

Verwandter und Helfer des Menschen

Uralt ist auch die Vorstellung, daß sich Menschen in Tiere verwandeln können. Wie unsere Sagen und Märchen zeigen, hat sie sich lange gehalten.

Tiermaskenkrieger der Nordgermanen

Bei den Nordgermanen gab es Krieger, die sich bisweilen Tierfelle anzogen. Sie hießen *Berserker*, wenn sie sich mit Bärenfellen bekleideten, *Ulfhedin* oder *Ulfhednar*, wenn sie Wolfsfelle trugen. Die Kämpfer fühlten sich dadurch in Tiere verwandelt und zeigten in Ekstase ungeheure Kräfte, Kampfeswut und Schmerzunempfindlichkeit. Es handelte sich wohl um eine Art Männerbünde, die sich dem Gott Odin verschrieben hatten. Auf einer der bei Torslunda in Schweden gefundenen Helmplättchenstanzen findet sich eine bildliche Darstellung eines Wolfskriegers: Neben einem einäugigen tanzenden Krieger mit Hörnerhelm, der als Odin gilt, zieht ein als Wolf verkleideter

Mann sein Schwert. Ein Wolfskrieger ziert auch die alamannische Schwertscheide von Guttenstein.

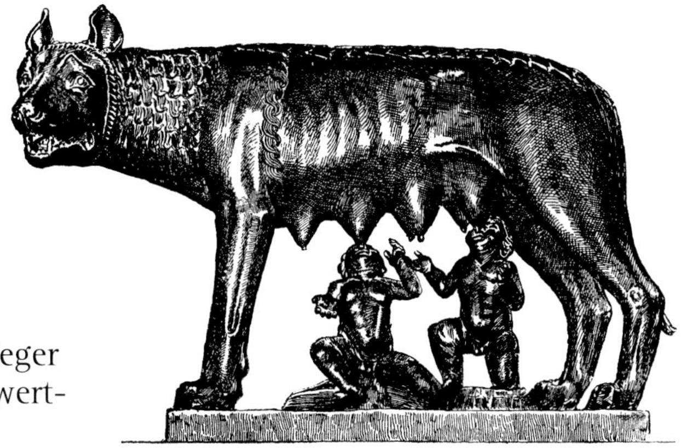

Werwolf
Eng verwandt mit den Wolfskriegern ist der Werwolf – ein Mensch, der sich in einen Wolf verwandeln kann. Bereits Herodot und Plinius berichteten über den Werwolf, den *lykanthropos*. Im germanischen Bereich hatte er ursprünglich mit der Vorstellung eines Schutz- und Folgegeistes zu tun, der den Menschen in Menschen- oder Tiergestalt begleitet und über ihn wacht. In der Wölsungensage können sich Sigmund und sein Sohn Sinfjötli in Wölfe verwandeln. Im Volksglauben geschah die Wolfsverwandlung durch Anlegen eines Wolfsfells und das Versetzen in einen Trancezustand. Das Fell wurde später auf den Wolfsgürtel reduziert. Diesen brauchte man für die Verwandlung und es gab verschiedene Anweisungen, aus welchem Material und wie er herzustellen war. Mit dem stärkeren Vordringen christlicher Glaubensinhalte wurde der Werwolf *christianisiert* und mit dem Teufel in Verbindung gebracht, also diabolisiert. Aus dieser Schicht stammen die meisten unserer Werwolfsagen.[3]

Tierherr(in)
In einigen Werwolfsagen tritt zudem die sehr alte euroasiatische Vorstellung des Tierherrn[4] auf, der seine Herde oder sein Rudel beschützt, ihm das Futter zuteilt, dem Jäger eine bestimmte Anzahl Tiere zugesteht, den Jagdfrevler aber bestraft. Der Tierherr oder die Tierherrin treten in Menschen- oder Tiergestalt auf und können sich hin und zurück verwandeln. Der Mensch, der Jagderfolg haben will, muß jeweils die Tierherren günstig stimmen. Insbesondere in Osteuropa, nur in Andeutungen in Mitteleuropa, wurde die Stelle des Tierherrn im Verlauf der Christianisierung mit Heiligen besetzt. So wurden hierzulande die Heiligen Wolfgang, Martin, Veit, Georg, Petrus in Wolfsegen angerufen, damit sie die Herden vor Wölfen beschützen sollten. In einigen der vorgestellten Werwolfsagen ist der Werwolf ein Tierherr. Auch die dem Wolf gebietenden Heiligen und die Gottesmutter können als Tierherren und Tierherrin aufgefasst werden.

Wolfskinder
Von Wölfen aufgezogene Kinder kommen sowohl in den antiken Sagen als auch in der keltischen und germanischen Mythologie vor.

Romulus und Remus: Die Gründer der Stadt Rom waren der Sage nach die Zwillingsbrüder Romulus und Remus, Söhne des Mars und der Rea Silvia. Deren Onkel Amulius wollte die Anwärter auf seinen Königsthron beseitigen und ließ die Kinder nach der Geburt in einer Kiste auf dem Tiber aussetzen. Die Kiste trieb ans Ufer und wurde samt ihrem Inhalt von einer Wölfin entdeckt. Diese nährte die Knaben liebevoll wie eigene Kinder, ehe der Hirt Faustulus sie entdeckte, zu sich nahm und aufzog. Später gründeten Romulus und Remus die Stadt Rom an der Stelle, wo die Wölfin sie gerettet hatte.

Wolfdietrich: Hildburg, die Mutter des germanischen Sagenhelden Wolfdietrich wird von ihrem Vater, König Walgund von Salneck, der alle Männer von ihr fernhalten will, in einen Turm gesperrt. In Frauenkleidern gelingt es Hugdietrich, dem König von Konstantinopel, Zugang zum Turm zu erhalten. Nachdem Hugdietrich sie wieder verlassen und versprochen hat, sie und das zu erwartende Kind bald zu sich zu holen, bringt Hildburg heimlich den Knaben Wolfdietrich zur Welt. Damit Hildburgs Mutter Liebgard bei ihrem Besuch im Turm das Kind nicht bemerkt, wird es von Hildburgs Getreuen in einem Körbchen am Seil außen am Turm heruntergelassen, solange die Königin bei ihrer Tochter weilt. Eines Tages, als der Säugling einmal wieder draußen in seinem Korb liegt, kommt eine Wölfin vorbei und nimmt Wolfdietrich mit, um ihn ihren Jungen als Futter heimzubringen. Als diese es jedoch vorziehen mit dem Kleinen zu spielen und ihn nicht zu fressen, ist es den alten Wölfen auch recht und sie ziehen das Menschenkind zusammen mit ihren Jungen auf. Eines Tages trifft Walgund, der von seinem Großvaterglück nichts ahnt, auf die Wolfsfamilie. Er verjagt die Wölfe und nimmt das Kind, das es ihm gleich angetan hat, mit nach Hause. Dort erfährt er von seiner Frau, die inzwischen von der unglücklichen Hildburg eingeweiht worden ist, den wahren Sachverhalt. Er ist damit einverstanden, daß Hildburg Hugdietrich heiratet und mitsamt dem Kind nach Konstantinopel zieht.

Auch bei den Inselkelten gibt es Wolfskindsagen. *Cormac*, ein nordirischer König des 3. Jahrhunderts n. Chr. wurde gleich nach seiner Geburt von einer Wölfin verschleppt und zusammen mit ihren Jungen großgezogen. Als Cormac später als König nach Tara zog, nahm er seine Wolfsfamilie mit. *St. Ailbe*, der im 6. Jahrhundert Bischof von Emly war, wurde als Säugling ausgesetzt und von einer Wölfin gerettet und großgezogen. Er dankte es ihr, indem er sie später vor Jägern schützte und sie täglich fütterte.

Ganz deutlich ist das Wolfskind-Motiv in der Sage „Der Werwolf vom Kindlstein“: Eine Wölfin nimmt sich des von seiner Mutter ausgesetzten Kindes an und zieht es auf, wodurch dieses zum Werwolf wird. Aber auch manche Berichte, Sagen und Legenden, in denen der Wolf ein Kind wegträgt, können mit der Wolfskind-Vorstellung in Verbindung gebracht werden.

Insbesondere in Indien gab und gibt es immer wieder Berichte von Wolfskindern. Das Motiv hat der Anglo-Inder Rudyard Kipling in seinem 1894 erschienen Buch *The Jungle Book – Das Dschungelbuch* – verwendet: Der Junge Mogli wird im indischen Dschungel von Wölfen gerettet und aufgezogen. Interessant ist ein dpa-Bericht vom Februar 1985, in dem der Tod des indischen Wolfsjungen Ramu gemeldet wird. Dieser sei als etwa Neunjähriger 1976 von Waldarbeitern im nordindischen Staat Uttar Pradesh neben drei jungen Wölfen gefunden worden. Er habe heulende Schreie ausgestoßen und sei auf allen Vieren gelaufen. Ramu war dann von Mitgliedern des Ordens der Mutter Teresa aufgenommen worden. Zu sprechen lernte er trotz aller Bemühungen seiner Betreuer nicht und er soll sich von Zeit zu Zeit ein lebendes Huhn aus dem Stall der Nachbarn erbeutet haben. 1985 ist Ramu dann laut dpa-Bericht an Krämpfen gestorben.[5] Eine russische Tageszeitung berichtete 1998 von einem sechsjährigen Jungen, der vor seinem alkoholkranken Vater geflüchtet sei, bei wilden Hunden in Reutov bei Moskau Unterschlupf gesucht und zwei Jahre lang unter ihnen gelebt habe. Er sei von den Tieren mit viel Liebe gepflegt worden und habe sich dabei wesentlich wohler gefühlt als im Waisenhaus.[6]

Letzte Reste der Wolf-Mensch-Verwandtschaft zeigen sich, obwohl ins Böse gekehrt und verzerrt, noch in den Sagen vom Eisernen Handl und vom Wolfshunger. In der schönen Sage vom *Wolf an der Wiege* tritt der Wolf als Schutzgeist, hilfreiches Tier und vielleicht auch Abgesandter Gottes auf.

Teufelstier

Ab dem frühen Mittelalter nahm in Mitteleuropa die Bevölkerung zu. Zugrunde lagen wesentliche Neuerungen in der Landwirtschaft, etwa die Einführung der Dreifelderwirtschaft und der Anbau verschiedenster Kulturpflanzen. Die Landwirtschaft konnte in bislang ungenutzte Gebiete vordringen – ein Beispiel ist die Kolo-

Rotkäppchen entdeckt den Wolf im Bett der Großmutter.

nisierung des Bayerischen Waldes. Die Wölfe wurden zunehmend zurückgedrängt, und es kam zu Konflikten, wenn sie auf Haustiere übergriffen. Organisierte Wolfsjagden gab es erstmals unter Karl dem Großen. Besonders stark wuchs die Bevölkerung im Hochmittelalter. Um 1300 war eine erste Kapazitätsgrenze erreicht, wozu auch die Klimaverschlechterung beitrug. Das Spätmittelalter ist gekennzeichnet durch Hungersnöte, Seuchen und soziale Unruhe und damit einhergehend auch einen Rückgang der Bevölkerungszahlen. Erst in der zweiten Hälfte des 15. Jahrhunderts kam es wieder zu einem starken Bevölkerungswachstum, das bis zum 30-jährigen Krieg anhielt.

Auch in der frühen Neuzeit ging es den Bauern nicht gut, wie die Bauernkriege der ersten Hälfte des 16. Jahrhunderts zeigen. Be- und Unterdrückung nahmen zu und erreichten im Absolutismus vielfach Höhepunkte. Der als Jagdkonkurrent bekämpfte und in abgelegene Gebiete zurückgedrängte Wolf musste immer häufiger auf Haustiere ausweichen, was für die betroffenen Menschen sicher nicht selten einen empfindlichen Verlust bedeutete.

In Notzeiten braucht man einen Sündenbock. Diese Rolle wies man etwa Juden, Zigeunern, Frauen und auch dem Wolf zu. Die Obrigkeit konnte den Unterdrückten als Verursacher ihrer Not den Wolf präsentieren und damit von eigenen Verbrechen oder Versäumnissen ablenken. Die Elenden hatten jemanden, den sie fürchten, verachten und ungestraft verfolgen konnten, während man gegen die Herrschenden machtlos war.

Je stärker es im Verlauf der Jahrhunderte gelang, die Erinnerung an heidnische Glaubensvorstellungen auszulöschen oder diese zu dämonisieren und zu verteufeln, desto mehr verloren auch Tiere und sogar Pflanzen ihre einstmals positiven Rollen. Ab dem spätem Mittelalter und der frühen Neuzeit wurde der Wolf immer mehr in die Rolle des Unholds, der reißenden Bestie gedrängt. In nicht wenigen Werwolfgeschichten sind es Hexen, die sich in Wölfe verwandeln. Nun wurde der Wolf auch nicht mehr mit positiven oder neutralen Ersatznamen belegt, sondern etwa mit *Untier, Unzifer, das böse Ding.* Eine weit verbreitete Schwanksage berichtet von einem Bauern, der zum Amtmann gerufen wird. Dieser heißt *Wolf* und der Bauer wagt es nicht, ihn mit seinem Familiennamen anzusprechen, sondern er nennt ihn mit einem Tabunamen *Herr Untier.*[7]

So sind in Bayern und in ganz Mitteleuropa die positiven Wolfsspuren weitgehend von den negativen überdeckt worden. In den meisten unserer Sagen tummelt sich der Wolf als Untier und Teufelstier, ebenso in den Berichten über die Jagd auf ihn und über seine Ausrottung, in der Kunst und in den Sprichwörtern sowie teilweise auch heute noch im Denken der Menschen.

Rotkäppchen und der böse Wolf

Das Motiv der Magd, die auf dem nächtlichen Heimweg von der Spinnstube von Wölfen getötet wird, erinnert an das Märchen vom Rotkäppchen. Bei beiden, dem Rotkäppchen und den Mägden, ist eine Anspielung auf – vermeintlich – sexuelle Verirrungen unverkennbar. Rotkäppchen hat sich nicht an die Anweisung der Mutter gehalten und ist vom rechten Weg abgekommen. Die Magd war in der Spinnstube gewesen, ein Ort, den auch die jungen Burschen gern aufsuchten, und in dem es bisweilen munter zugegangen sein soll. So ist das Verschlungenwerden durch den Wolf ein Sinnbild für die verlorene Unschuld und gleichzeitig Strafe für das vom rechten Weg abgekommene Mädchen.

Die Brüder Grimm wollten ihre Märchen in eine für Kinder zumutbare Form bringen und haben sie deshalb enterotisiert. Im französischen Rotkäppchen-Märchen *Le petit Chaperon rouge* von Charles Perrault (1628–1703) ist die Erotik noch unverhüllt: Rotkäppchen legt sich zum Wolf, der zuvor die Großmutter gefressen hat, ins Bett. Das Märchen enthält deutlich die Warnung an die jungen Mädchen, sich vor dem männlichen Verführer in Acht zu nehmen. Bei Perrault kommt Rotkäppchen um, während es bei den Brüdern Grimm dank des wackeren Jägers davonkommt.[8]

Spottobjekt

Wenn der lange Zeit Dämonisierte und Gefürchtete schließlich besiegt, oder jedenfalls fast besiegt ist, fällt es leicht, ihn zu verspotten. Indem man das gefahrlos tun kann, fühlt man sich gleichzeitig groß und erhaben.

In einigen Berichten ist davon die Rede, dass es das Ziel war, die Wölfe lebend zu fangen. Manche der hohen Herren, etwa die bayerischen Kurfürsten Maximilian I. und Ferdinand Maria liebten es, die gefährlichen Tiere in ihrer Gewalt zu haben und sie schließlich – bei Hetzjagden oder Tierkämpfen – umzubringen. Auch die jungen Prinzen durften in der Residenz ihre Schießkünste an wehrlosen Welpen üben.

Am Ende der Dumme ist der Wolf auch im Grimmschen *Rotkäppchen*: Der Jäger schneidet dem schlafenden Wolf den Bauch auf, und Rotkäppchen samt Großmutter kommen gesund heraus. Dem Wolf aber werden Steine in den Leib gefüllt, die so schwer sind, dass er nach dem Aufstehen aus dem Schlaf tot umsinkt. Eine ebenso unglückliche Figur macht der Wolf in dem Grimm-Märchen *Der Wolf und die sieben jungen Geißlein.* Nachdem er sechs der sieben Geißlein verschlungen hat, schläft er satt und zufrieden ein. Die zurückgekehrte Mutter Geiß schneidet ihm mit einer Schere den Bauch auf und holt ihre Kinder heraus. In den Wolfsbauch füllt sie schwere Steine und näht wieder zu. Nach dem Schlummer will der Wolf am Brunnen trinken, aber die Steine ziehen ihn hinab, und er muss jämmerlich ersaufen.

Auch in vielen bayerischen Sagen muss der Wolf die Rolle des Übertölpelten und des Verspotteten übernehmen.

Der Wolf in der deutschen Fabel, die zur Zeit der Reformation und später in der Aufklärung ihre Blüte hatte, heißt Isegrim. Er ist gierig und dumm und wird oft von anderen

Die Fabel vom Wolf und Kranich. Stahlstich nach einer Zeichnung von Wilhelm Kaulbach, 1846.

überlistet, insbesondere vom schlauen Reineke, dem Fuchs. So geschieht es auch im mittelniederdeutschen Tierepos *Reineke de Vos*, das 1498 gedruckt wurde und später die Vorlage für Goethes Epos *Reineke Fuchs* (1794) lieferte. Wilhelm Kaulbach hat zu diesem Epos für die Ausgabe von 1846[9] Zeichnungen als Vorlage für die Stahlstiche geschaffen. Im Dritten Gesang spielt Reineke dem Wolf allerlei üble Streiche, darunter auch den: Er führte den Wolf, den es nach Hühnern gelüstete, zu einem Hühnerstall, hieß ihn einsteigen und auf einem schmalen Balken entlanggehen, während er selbst wieder zum Fenster hinaus schlich. Draußen schlug Reineke Lärm, so dass die Leute herbeiliefen. Vor Schreck fiel Isegrim vom Balken und konnte nicht mehr aus dem Fenster entkommen. Die Menschen fanden ihn in einer Ecke des Hühnerstalls und schlugen ihn halbtot, so dass es ein Wunder war, dass er überhaupt noch entkommen konnte. Im 10. Gesang erzählt Reineke Übles über die anderen Tiere, um bei König Nobel, dem Löwen, die eigenen Untaten zu verschleiern. Über Isegrim berichtet der Fuchs die alte Fabel vom Kranich und dem Wolf. Auch wenn es in den Tierfabeln nicht um die Tiere als solche geht, sondern darum, menschliche Tugenden und vor allem Untugenden darzustellen, zeigen sie uns doch, wie bestimmte Arten im allgemeinen Bewusstsein gesehen und bewertet wurden.

Heutige Rollen

Anders als etwa der Fuchs, der vielleicht einmal einen Auftritt als Hühnerdieb hat, oder Feldhase und Igel, die zumindest in überfahrenem Zustand ihren Fortbestand als heimische Wildtiere anzeigen, ist der Wolf hierzulande schon vor langer Zeit aus dem Leben und der Wahrnehmung der Menschen verschwunden. Sieht man von den Wölfen in Gehegen ab, ist Wolfspräsenz für die Menschen in Mitteleuropa auf Märchen, Träume, Bücher, Zeitschriften, Filme und Werbung reduziert. Trotzdem: Zu lang war der Zeitraum, in dem Mensch und Wolf nebeneinander gelebt haben, als dass die Erinnerung daran vollständig gelöscht wäre. Sie ist allerdings in tiefere Bewusstseinschichten und ins Unbewusste abgesunken.

Unsere heutige Einstellung gegenüber dem Wolf bewegt sich im Spannungsfeld zwischen – alter – Verteufelung und – neuerer – Bewunderung. Die Angst vor dem Wolf sitzt tief, und deshalb wird ihm auch immer noch die Rolle des Bösewichts und Untiers zugewiesen. In den letzten Jahren wurden Wölfe, die irgendwo in Deutschland aufgetaucht sind, vielfach abgeschossen. Dass Wolf noch immer ein Synonym für Grausamkeit sein kann, zeigen etwa die Aussagen zweier psychotischer Täter.[10]

Als gefährliche Raubtiere wurden in Presse und Öffentlichkeit die neun jungen Wölfe dargestellt, die im Januar 1976 aus ihrem Gehege im Nationalpark Bayerischer Wald ausgerissen waren. Man machte damals in Wort und Tat und unter großem Einsatz von Forstbeamten, Jägern, Polizei und Grenzschutz zwei Monate lang Jagd auf sie. Am Ende waren noch drei Wölfe übrig, die zunächst verschwunden schienen. Sie wurden jedoch später, als sich bereits die Aufregung um die Sache gelegt hatte, aufgespürt und zur Strecke gebracht – der letzte im Januar 1978. Das Tier hatte fast zwei Jahre im bayerisch-böhmischen Grenzgebirge gelebt.

Auf der anderen Seite steht der Wolf für unberührte Natur, für etwas, das es hierzulande so gut wie nicht mehr gibt. In einer Zeit, in der in Bayern, Deutschland und überall auf der Welt die Natur auf dem Rückzug ist, wächst die Sehnsucht nach ihr. Während allein in Bayern alljährlich eine Fläche von rund 8 000 Hektar freie Landschaft und Natur – im Vergleich etwa die Fläche des Chiemsees – durch Straßen-, Wohnungs- und Gewerbebau verbraucht wird[11], und nur wenige diese Tatsache als Problem sehen, haben Abenteuerurlaub in der Wildnis Kanadas oder Australiens Hochkonjunktur, wird für Geländewagen und trapperartige Bekleidung geworben. Natur steht heute wieder einmal, wie schon öfters, seit Rousseau vor über 200 Jahren diese Auffassung begründete, für das Gute und Heile in einer verdorbenen und entfremdeten Zivilisationswelt. So wird auch der Wolf zum Sinnbild des Ursprünglichen und Kraftvollen; ihm wird – wie zu Rousseaus Zeiten außereuropäischen Ureinwohnern – die Rolle des *edlen Wilden* zuerkannt. In dem Buch *Die Wolfsfrau*[12], das auch hierzulande zahlreiche Auflagen erreicht hat, steht der Wolf für die selbstbewusste, leidenschaftliche, kreative, nach ihren innersten Instinkten lebende Frau. Im *Heilbuch der Druiden*[13] wird der Wolf als eines der *keltischen Krafttiere* empfohlen, um wieder Kontakt zu tiefer Kraft, Stärke und Wildheit zu finden.

SEINE BIOLOGIE

Obwohl Alfred Edmund Brehm (1829–1884) auch viele gute und genaue Beobachtungen über den Wolf widergibt, schreibt er doch auch über ihn:

„Der Wolf besitzt alle Begabungen des Hundes: dieselbe Kraft und Ausdauer, dieselbe Sinnesschärfe und denselben Verstand. Aber er ist einseitiger und erscheint weit unedler als der Hund, unzweifelhaft einzig und allein deshalb, weil ihm der erziehende Mensch fehlt. Sein Mut steht in gar keinem Verhältnis zu seiner Kraft. Solange er nicht Hunger fühlt, ist er eines der feigsten und furchtsamsten Tiere, welche es gibt.[1]

Heute sind wir von der moralischen Überlegenheit des Menschen nicht mehr ganz so überzeugt und wissen durch viele neuere Forschungsarbeiten über Canis lupus, sein Aussehen und sein Verhalten, ziemlich gut Bescheid.[2]

Sein Steckbrief

Stellung in der Familie der Hundeartigen (Canidae)
Der Wolf ist die größte Art in dieser Familie, die mehrere Gattungen umfaßt, etwa Echte Füchse (*Vulpes*), Afrikanische Wildhunde (*Lycaon*) und Hunde (*Canis*). In die Gattung der Hunde gehört neben verschiedenen anderen Arten wie Kojote (*Canis latrans*) oder Goldschakal (*Canis aureus*) auch der Wolf. Er tritt in etwa ein Dutzend Unterarten auf; eine ist der europäische Wolf *Canis lupus lupus*. Die Angaben zu den Unterarten sind jedoch zum Teil widersprüchlich, da Wölfe gleicher Unterarten je nach Verbreitungsgebiet unterschiedlich groß und unterschiedlich gefärbt sein können – Wölfe haben eine große Variabilität.

Aussehen
Europäische Wölfe sind niemals schwarz wie viele Vertreter in Nordamerika, sondern meistens graubraun. Diese Färbung hat das Rücken-, Flanken- und Schwanzfell, während Gliedmaßen, Ohren und Schnauze hellbraun, Bau und Kehle oftmals fast weiß sind. Wölfe wiegen zwischen 20 und 50 Kilogramm, maximal sogar 70 Kilogramm. Eine Besonderheit der Wölfe sind der große Schädel und das ausgeprägte, ungeheuer kraftvolle Gebiß – beides Merkmale, durch die sie sich von allen anderen Caniden unterscheiden.

Lebenserwartung
In freier Natur werden Wölfe selten älter als zehn Jahre. Während des ersten Lebensjahres ist die Jungensterblichkeit sehr groß.

Mit ihren hoch entwickelten Sinnesorganen nehmen Wölfe rasch und sicher Freund, Feind und Beute wahr.

Fortbewegung
Am häufigsten ist lockerer Trab mit etwa 8 km/h. Auf der Flucht oder bei Verfolgung einer Beute können im Galopp 40–50 km/h, kurzzeitig sogar 60–65 km/h erreicht werden. Wölfe nutzen bei ihrer Fortbewegung stets die Deckungsmöglichkeiten des Geländes.

Ausdrucksverhalten und Sinneswahrnehmungen
Hochentwickelt sind Gesichts-, Geruchs- und Gehörssinn. Wölfe verständigen sich über optische, akustisch und olfaktorische Signale. Stimmungen werden mit Hilfe der ausgeprägten Mimik sowie mit Ohren-, Schwanz- und Körperhaltungen vermittelt. Geruchsmarkieren und geruchliche Prüfung spielen innerhalb des Rudels und bei der Kommunikation mit Nachbarrudeln eine wichtige Rolle. Bellen und Heulen stellen Kommunikation über weitere Entfernungen her. Gemeinsames Heulen stärkt darüber hinaus den Zusammenhalt im Rudel. Geheult wird insbesondere nachts und verstärkt in den Wintermonaten.

Verbreitung und Lebensraum
Das natürliche Verbreitungsgebiet umfasste nahezu ganz Nordamerika, ganz Europa sowie das nicht tropische Asien. Die Fähigkeit weit zu wandern hat zum Aufbau dieses riesigen Verbreitungsgebiets beigetragen. Der Mensch hat den Wolf in vielen dieser Gegenden ausgerottet. In ihren Ansprüchen an den Lebensraum sind Wölfe sehr anpassungsfähig. Sie kommen auch mit Gebirge, Tundra und Wüste zurecht.

Nahrung
Wölfe fressen in erster Linie große Huftiere (Elch, Rothirsch, Rentier, Reh, Gemse, Wildschwein), daneben auch kleinere Säuger wie Biber, Fuchs, Hase, auch Mäuse und andere Kleintiere sowie verschiedene Vögel und Fische und auch Aas. Gerade im Sommer und Herbst vertilgen Wölfe beachtliche Mengen an Früchten, insbesondere Beeren. Gelegentlich, vor allem wenn das Nahrungsangebot knapp ist, reißen Wölfe auch Haustiere. Berichte über die ungeheure Gefräßigkeit des Wolfs dürften teilweise auf einer Fehlbeurteilung beim Auffinden der Beutereste beruhen: Wölfe verstecken nämlich Teile ihrer Beute, andere Teile werden von Konkurrenten oder „Mitessern" (Kommensalen) vertilgt. Wie neue Beobachtungen in Italien belegen, ist der Wolf auch in der Lage, sich als Siedlungsbegleiter (Synanthrop) weitgehend von Nahrungsresten des Menschen zu ernähren („Spaghettiwölfe").

Territorium und Dichte
Ein Wolfsterritorium ist das Gebiet, das ein Rudel für sich und seine Nahrungsbeschaffung beansprucht und das es gegen andere Wölfe verteidigt. Die Dichte gibt an, wie viele Wölfe auf einer bestimmten Fläche leben. Beides schwankt nach Nahrungsangebot, Verfolgung durch den Menschen und anderen Faktoren. Ein Territorium kann zwischen 100 km^2 und 2 000 km^2 groß sein, die Dichte zwischen drei und 100 Tieren pro 1 000 km^2 betragen. Im allgemeinen kann von etwa 40 Wölfen pro 1 000 km^2 ausgegangen werden.

Rudel
Ein Rudel ist eine Tiergesellschaft, deren Mitglieder sich persönlich kennen, differenziert miteinander kommunizieren, als Ganzes agieren und eine Rangordnung bilden. Ein Wolfsrudel umfasst meist zwischen fünf bis zehn Tiere. Rudel mit mehr Mitgliedern sind eher selten und kommen vor allem in Gegenden vor, in denen Wölfe Elche jagen. Hat ein Rudel seine Obergrenze erreicht, wandern rangniedere Tiere ab. Ein Rudel besteht im allgemeinen aus den beiden ranghöchsten Tieren, dem Alpharüden und der Alphafähe, und deren Jungen bis zum zweiten Jahr. Es können auch noch Geschwister der Alphatiere im Rudel sein.
Sehr selten werden fremde Wölfe in ein Rudel aufgenommen. Rüden und Fähen eines Rudels bilden jeweils unabhängig voneinander ihre Rangordnungen. Einzelgänger entstehen durch Ablösung sozial niederer Tiere aus dem Rudelverband.

Auch erwachsene Tiere eines Rudels spielen gern und ausgiebig miteinander.

Fortpflanzung
Erst mit drei Jahren sind Wölfe geschlechtsreif. Im allgemeinen paaren sich nur die beiden Alphawölfe. Diese verhindern, dass sich andere Rudelmitglieder paaren oder, falls es doch dazu kommt, dass die Jungen zur Welt kommen oder gar aufgezogen werden. Je nach Klima liegt die Paarungszeit zwischen Januar und April. Nach einer Tragzeit von 62–66 Tagen kommen drei bis neun hilflose blinde Welpen zur Welt, meist in einer von der Mutter gegrabenen Höhle (manchmal auch in Baumstämmen, Dachsbauen, Biberburgen). Die Jungen werden sieben bis acht Wochen gesäugt. In dieser Zeit versorgen der Alpharüde und die anderen Rudelmitglieder die Mutter mit Nahrung. Auch später beteiligen sich die anderen Altwölfe an der Jungenaufzucht, indem sie Nahrung im Maul beibringen oder bereits verschlungene Fleischstücke vor den Jungen auswürgen. Ist die Mutter unterwegs, hütet ein erwachsenes Rudelmitglied die Welpen. Die jungen Wölfe üben Fähigkeiten, die sie später für Beutesuche und Jagd brauchen, in ausgedehnten Spielereien untereinander und mit den Erwachsenen. Viele Jungtiere sterben bereits im ersten Lebensjahr, insbesondere in den ersten Lebensmonaten.

Jagd
Die Stadien der *normalen* Jagd sind:
- Aufspüren der Beute
  Wölfe kennen ihr Territorium und die Gewohnheiten ihrer Beutetiere sehr genau. Auch über Setzplätze und Setzzeiten wissen sie Bescheid und finden deshalb auch häufig die gut versteckten jungen Huftiere.
- Anschleichen an die Beute
  Wenn möglich schleichen sich Wölfe, notfalls kriechend, an ihr Beutetier so nahe heran, dass sie es anspringen können. So überraschen sie auch ruhende oder fressende Tiere. Es folgen
- Treibjagd
  Ein oder mehrere Beutetiere werden von einem oder mehreren Wölfen gehetzt. Andere Wölfe des Rudels legen sich auf die Lauer und schneiden den Fluchtweg ab.
- Treiben in natürliche Fallen
  Die Wölfe treiben ihre Beutetiere in für diese ungünstiges Gelände wie Tiefschnee, Morast, Eis, Geröll, Dickicht, Steilwände, Schluchten.
- Anspringen der Beute, Biss oder Verfolgung
  Falls der Biss nicht gelingt und das

Beutetier fliehen kann, wird die Verfolgung nur über kürzere Strecken durchgehalten.

Neben diesem Direktangriff gibt es Jagdweisen, denen ein überlegtes und koordiniertes Vorgehen zugrunde liegt. Insbesondere sind dies:

- Auseinandertreiben und Isolieren
  Mehrere Wölfe treiben eine Gruppe auseinander und isolieren ein einzelnes Tier. Insbesondere schwache Tiere wehrhafter Arten wie Moschusochsen können so erlegt werden.

Seine Gefährlichkeit für den Menschen

Märchen, Sagen und Legenden, Flurdenkmäler und sogar Archivalien berichten von Überfällen einzelner oder mehrerer Wölfe auf Menschen. Wie groß ist die Gefahr, die von frei lebenden Wölfen für Menschen ausgeht?

Unbestritten waren und sind Wölfe, die an Tollwut erkrankt sind, für Menschen gefährlich. Das sind tollwütige andere Wild- oder Haustiere auch. Die Tollwutgefahr ist in den letzten Jahren durch Impfprogramme für den als Hauptüberträger geltenden

Dieser Wolf zeigt seine Verteidigungs- oder Angriffsbereitschaft durch Zähneblecken und Nasenrückenrunzeln.

Fuchs allerdings sehr viel geringer geworden.

Für Nordamerika gibt es keinen einzigen beglaubigten Bericht über den Tod eines Menschen durch Wölfe.[3]

Dmitrij Iwanowitsch Bibikow[4] kommt aufgrund des Studiums einschlägiger zoologischer und jagdwissenschaftlicher Literatur zu dem Schluss, dass Wölfe nur unter außergewöhnlichen Umständen angreifen und die Gefahr daher insgesamt gering ist. Als solche Umstände nennt er Nahrungsmangel, hohen Wolfsbestand in einem Gebiet, nachlassende Bekämpfungsmaßnahmen, wodurch einzelne Tiere ihre große Furcht vor dem Menschen verringern könnten. Nicht zufällig sei gerade in Kriegszeiten – Zeiten, in denen nur womöglich durch Hunger geschwächte Frauen und Kinder in den Dörfern zurückgeblieben waren – über Angriffe von Wölfen berichtet worden.

Nach Erik Zimen ist es angesichts der vielen früheren Berichte ungewiss, ob Wölfe in Europa jemals tatsächlich Menschen angegriffen haben. Bei den Übeltätern, deren Aussehen und Verhalten in den Berichten oft wolfsuntypisch beschrieben seien, dürfte es sich nicht selten um Hunde oder um Wolf-Hund-Bastarde gehandelt haben. Etliche Berichte von Wolfsüberfällen könnten auch darauf basieren, dass Wölfe Leichen gefressen hatten und man sie fälschlicherweise für den Tod der Menschen verantwortlich machte. Zusammenfassend heißt es zur Frage, ob es tatsächlich zu einem Angriff auf lebende Menschen kommen könnte:

„Unter der Voraussetzung, dass Wölfe sich an lebende wie an tote Menschen gewöhnt hatten und auch in der Lage waren, zwischen gefährlichen und ungefährlichen Menschen zu unterscheiden, erscheint es möglich, dass Wölfe in seltenen Fällen tatsächlich lebende Menschen angegriffen haben. Dies kann der Fall gewesen sein,

- wenn in Zeiten von Kriegen, Seuchen oder Hungersnöten menschliche Leichen nicht sogleich oder nicht sicher genug vergraben wurden;
- wenn die Verfolgung der Wölfe lange Zeit nachgelassen hatte, weil die Männer im Krieg waren oder nicht mehr lebten;
- wenn die Frauen und Alten allein und unbewaffnet zu Hause blieben und die Kinder das Vieh hüten mußten;
- wenn den Wölfen andere Beute fehlte und ihr Hunger groß war."[5]

Bei den neun jungen Wölfen, die 1976 aus dem Gehege des Nationalparks Bayerischer Wald ausgerissen waren, handelte es sich um Tiere, die an Menschen gewöhnt waren, deshalb vor ihnen auch weniger Furcht als wild lebende Wölfe hatten. Trotzdem stellten sie keine wirkliche Gefahr für Menschen dar: Die Verletzungen, die eine Wölfin einem Jungen am Po zugefügt hatte und von der die Presse ausführlich berichtete, erwiesen sich in der Realität als ein paar Kratzer.

Der Wolf könnte dem Menschen höchstens in einer Ausnahmesituation gefährlich werden. Aus sämtlichen Gegenden der Erde, wo Wölfe leben, ist seit über 50 Jahren kein Fall bekannt geworden, dass ein Mensch von einem freilebenden Wolf getötet wurde.[6] Diese Aussage ist in Relation zu setzen zu den vielen Meldungen über angreifende Haushunde und durch sie verursachte schwere Verletzungen und sogar Todesfälle.[7] Selbst in Gebieten, von denen bekannt ist, dass in ihnen ein relativ hoher Wolfsbestand vorliegt, kann man nur mit Glück, viel Geduld und einem erfahrenen Führer Wölfe sehen oder hören. Angeborene Vorsicht und Intelligenz sowie die jahrhundertelange Verfolgung haben den Wolf dazu gebracht, den Menschen zu fürchten und zu meiden.

SEINE SITUATION UND SEINE CHANCEN

In den Weiten Kanadas, Alaskas und Sibiriens konnten Wölfe trotz Verfolgung bis heute überleben. Dort werden sie auch weiterhin Bestand haben, zumal sich die Einstellung der Bevölkerung und staatlicher Stellen gegenüber den Tieren weltweit zu wandeln begonnen hat. Auch in den USA gibt es – nicht immer zur Freude von Jägern, Farmern und Ranchern, die Verluste an Vieh und Wild befürchten – Bestrebungen, die weitgehend ausgerotteten Tiere an verschiedenen geeigneten Stellen, etwa den nördlichen Rocky Mountains, im Osten Arizonas und im Westen New Mexikos wieder anzusiedeln.

Wie sieht es aber im durchkultivierten und dicht besiedelten Europa, gar in der bevölkerungsreichen Bundesrepublik Deutschland aus? Gibt es hier noch eine Chance für den Wolf?

Wölfe in Europa

Als Ergebnis der jahrhundertelangen Verdrängung und Verfolgung gab es in den 70er Jahren des 20. Jahrhunderts in Europa nur noch wenige, meist voneinander isolierte Wolfsvorkommen, insbesondere in den Abruzzen (Italien), den Karpaten (Rumänien) und den Kordilleren (Spanien). Das Ende von *Canis lupus lupus*, der europäischen Unterart, die einst ganz Europa bewohnte, schien besiegelt. Dann aber begann sich ein erster Widerstand gegen die endgültige Ausrottung zu regen, und heute haben sich die Chancen für den Wolf in vielen Gegenden Europas deutlich verbessert.[1]

Das Umdenken hat vor fast 30 Jahren in Italien begonnen. Die italienische Sektion des World Wildlife Fund for Nature (WWF) leitete im Jahr 1972 eine Kampagne zur Rettung des Wolfs in Italien ein, und als Folge stellte die italienische Regierung den Wolf für zwei Jahre ganzjährig unter Schutz. Der WWF initiierte Forschungsprojekte unter der Leitung von Erik Zimen, um Verbreitung und Anzahl der Wölfe sowie ihre Lebensbedingungen zu erfassen und die Akzeptanz von Schutzmaßnahmen in der Bevölkerung zu erhöhen. Durch

Wiederansiedelung von Hirschen und Rehen standen später genügend natürliche Beutetiere für die Wölfe zur Verfügung, so dass sie sich vermehren und ausbreiten konnten. Die italienische Regierung entschloss sich 1976 den Wolf im ganzen Land unter dauerhaften und ganzjährigen Schutz zu stellen. Seit 1976 gibt es auch Entschädigungen für Bauern und Schäfer, denen der Wolf Haustiere geraubt hat. In Italien kommt es aber nicht häufig zu Konflikten mit den Wölfen, da es seit Jahrhunderten und noch immer üblich ist, die Schafherden von Hirten und kräftigen Hunden schützen zu lassen.

Die Wölfe breiteten sich von den Abruzzen nach Norden aus und wanderten nach Frankreich[2] ein. Im Hinterland von Nizza erschienen sie erstmals im Winter 1991/92. Auf etwa drei Dutzend Tiere in vier Rudeln wurde ihre Zahl 1998 geschätzt. Sie werden von Jägern und Schäfern mit großem Argwohn beobachtet, auch wenn für nachweislich vom Wolf gerissene Haustiere Entschädigungen gezahlt werden. Das Problem sind die großen, praktisch unbewachten Schafherden, die es den Wölfen leicht machen, sich an ihnen zu vergreifen. Manche Leute freuen sich aber auch über die Rückkehr der Wölfe – Tourismusmanager, denen die Tiere als Attraktion für den Fremdenverkehr willkommen sind und Naturschützer.

Italienische Wölfe haben ab 1990 auch die Schweizer Grenze überschritten. Die Zuwanderer sind in der Schweiz großenteils ebenfalls nicht willkommen, auch wenn der Wolf dort gesetzlichen Schutz genießt. Besondere Aufregung gab es 1995/96 im Wallis, als Wölfe rund 100 Schafe töteten.[3] Auch in den folgenden Jahren beunruhigten in den Schweizer Alpen einige Wölfe immer einmal wieder Jäger und Schäfer. Die Situation ist dort ebenfalls wegen der großen unbewachten Schafherden besonders angespannt. Das Schweizer Umweltministerium versucht, die Schafbesitzer dazu zu bringen, dass sie ihre Herden von Hunden bewachen lassen. Entschädigungen, die für nachweislich vom Wolf gerissene Haustiere gezahlt werden, können die Gemüter nicht sehr besänftigen – der Wolf ist und bleibt für manche der hassenswerte Jagdkonkurrent und Viehdieb. Im Dezember 1999 erlaubte die Schweizer Bundesregierung auf Antrag des Walliser Staatsrates den Abschuss von Wölfen, der allerdings an strenge Bedingungen geknüpft war.[4] Immerhin bringen die Wölfe auch Touristen. Im Val Ferret gibt es deshalb einen Wolfslehrpfad.

In Spanien und Portugal werden die Wölfe teilweise illegal weiter verfolgt, teilweise jedoch auch gleichmütig geduldet. Sie leben dort größtenteils von Kadavern von Weidetieren, die in den großen Schafherden sterben. Die Förderung von Schafhaltung und Wanderschäferei schaffen daher auch dem Wolf ein Auskommen. Eine noch bessere Bewachung der Viehherden könnte Konflikte entschärfen. In Schweden gibt es seit Beginn der 1980er Jahre wieder Wölfe, nachdem sie dort bereits völlig verschwunden waren. Sie genießen jetzt Schutz. In Polen ist ein Wolfsnetzwerk aufgebaut worden. Diesem gelang es 1998 das Jagdverbot auf Wölfe durchzusetzen. Das Netzwerk veranstaltet unter anderem Lehrgänge im Bialowieza-Nationalpark und berät Schäfer und Landwirte bei der Vorbeugung gegen Wolfsschäden. In Rumänien leben 40 Prozent des gesamten europäischen Wolfsbestandes. Seit 1997 sind die Tiere wenigstens einige Monate im Jahr geschützt. Durch Reiseveranstaltungen zu den Karpatenwölfen wird auch der Tourismus gefördert. Die Tiere reißen dort nur selten Schafe, da die Herden von Schäfern und Hunden gut bewacht werden. Nachts dringen die Wölfe sogar zu den Müllkippen der Städte vor und fressen dort Abfälle, Ratten sowie streunende Hunde und Katzen. Trotz der räumlichen Nähe gibt es keine Probleme mit Menschen.[5]

Diese Beispiele mögen genügen, um zu zeigen, dass der Wolf – auch wenn er durch die Flora-Fauna-Habitat-Richtlinie vom 22.07.1992 in der EU geschützt ist – in Europa nur dann eine wirkliche Chance hat, wenn sich Viele für ihn einsetzen. Verschiedene Organisationen – etwa die Stiftung Europäisches Naturerbe (EURONATUR), Wildbiologische

Gesellschaft München e.V., European Wolf Network – haben bereits vor Jahren ein umfassendes Rettungsprojekt in Angriff genommen. Zusammen mit Naturschützern, staatlichen Stellen und privaten Organisationen schaffen sie Konzepte für das Zusammenleben von Wölfen und Menschen unter den jeweiligen nationalen und lokalen Gegebenheiten. Zwar haben sich für den Wolf die ökologischen Bedingungen – höherer Waldanteil, viel Wild als Nahrung, weniger Haustiere, die im Wald und auf Almen weiden – gegenüber früher vielerorts verbessert, es ist aber noch sehr viel Aufklärungsarbeit zu leisten. Auch sind, da Wolfsschutz nicht zu Lasten Einzelner gehen darf, Schutz- und Managementkonzepte für mögliche *Wolfsgebiete* und Programme zur Schadensvorbeugung und zur Abgeltung möglicher Schäden nötig.

Wölfe in Deutschland?

Der Artenschutz in der Bundesrepublik Deutschland und in Bayern schließt auch die Ansiedlung verdrängter wild lebender Arten an geeigneten Lebensstätten innerhalb ihres natürlichen Verbreitungsgebietes ein (§ 20 Bundesnaturschutzgesetz, Artikel 14 Bayerisches Naturschutzgesetz). Seit 1989 ist der Wolf in Deutschland ganzjährig geschützt. Durch die Vermehrung der Wölfe in Osteuropa steigt die Wahrscheinlichkeit, dass Tiere auch nach Deutschland einwandern.

Ist der Wolf schon da?
Wölfe kommen auf teilweise uralten Wanderwegen über die Oder nach Brandenburg.[6] So hat 1993 eine aus Polen nach Brandenburg eingewanderte Wölfin Junge großgezogen. 1996 umfasste der Wolfsbestand in Brandenburg schon etwa 12 Tiere. Das Land Brandenburg stand einer Wiedereinbürgerung positiv gegenüber und hatte in Zusammenarbeit mit der Wildbiologischen Gesellschaft München sowie Jägern und Schäfern ein Managementkonzept erstellt. Leider war die Brandenburger Population offenbar nicht stabil, denn Mitte 1999 gab es keinen Hinweis mehr auf die Anwesenheit von Wölfen.
Auch in Sachsen, Thüringen und Mecklenburg-Vorpommern sind bereits Wölfe aufgetaucht, und das Land Niedersachsen hat sich auf eine mögliche Einwanderung von Wölfen vorbereitet.[7]

Kurz vor Weihnachten 1991 wurde im Grenzgebiet zwischen Salzburg und Bayern eine Wölfin, die mehrere Rehe gerissen hatte, von einem Jäger erlegt, der angab, sie für einen streunenden Hund gehalten zu haben.[8] Einzeltiere kommen auch ins bayerisch-böhmische Grenzgebiet und in den bayerischen Wald[9]. Ein männlicher Wolf wurde 1994 bei Zwiesel vom Zug angefahren. Ein Polizeibeamter erschoss das schwer verletzte Tier. Bei Niederkappl im österreichischen Mühlviertel wurde 1996 eine Wölfin erschossen, die der Schütze für einen Fuchs gehalten hatte, und 1998 wurde ein Wolf in Horny Plana nördlich des Moldaustausees in Tschechien ein Opfer des Straßenverkehrs. Manfred Wölfl berichtet in einer Studie für die Regierung von Niederbayern, dass im bayerisch-böhmischen Grenzgebirge in den vergangenen 25 Jahren – abgesehen von den neun Ausreißern aus dem Nationalparkgehege im Jahr 1976 – eine ganze Reihe von Wölfen beobachtet beziehungsweise getötet worden ist. Über die Herkunft dieser Tiere könnten jeweils nur Vermutungen angestellt werden. Eine Zuwanderung aus den etwa 250 Kilometer entfernten slowakischen Karpaten, dem am nächsten gelegenen Verbreitungsgebiet, sei durchaus möglich. Allerdings fehlten Hinweise auf solche Wanderer.[10]

Hat der Wolf bei uns eine Chance?
Trotz der oben geschilderten Sehnsucht nach wilder Natur als Gegensatz zu unserer Zivilisationswelt gilt häufig: Natur ja – aber bitte nicht hier. Sollen die Inder ihre Tiger, die Afrikaner ihre Elefanten, die Chinesen ihre Pandas und alle zusammen ihre Wälder und die übrige Natur schützen und so Abenteuerurlaube ermöglichen. Quakende Frösche, fischende Kormorane, nagende Biber, laub- und schattenwerfende Bäume – gegen sie alle wird in Deutschland Klage geführt und wenn möglich vorgegangen. Wie sollte da Platz für das Raubtier Wolf sein?[11]

Trotzdem: Es gibt Berichte, die Mut machen und Hinweise auf eine sich langsam ändernde Einstellung vieler Menschen auch bei uns in Bayern. Als 1976 die Wölfe im Bayerwald frei herumliefen, waren es nicht nur Wissenschaftler wie Konrad Lorenz, die sich für ihre Schonung einsetzten, sondern es entstand eine Bürgeraktion *Ein Platz für Wölfe*. Seit 1978 Erik Zimens Buch *Der Wolf* in erster Auflage erschienen und in weiten Kreisen auf reges Interesse gestoßen ist, hat sich die Zahl an Büchern, Hörfunk- und Fernsehberichten, deren Anliegen es ist, ein neues Bild des Wolfs zu vermitteln und Vorurteile abzubauen, ständig vergrößert. In Zeitschriften, auch solchen, die sich nicht in erster Linie mit Natur und Wildtieren beschäftigen, erscheinen sachlich aufklärende Beiträge über Wölfe. Tierparks stellen sich der Aufgabe, die Besucher in geeigneter Weise über die von ihnen gehaltenen Wölfe aufzuklären und alten Ängsten entgegenzuwirken. Beispiele dafür sind der grenznahe Tiergarten Hellbrunn bei Salzburg in Österreich und der Bayerwald-Tierpark in Lohberg im Landkreis Cham, deren Besucher sich offensichtlich gern, interessiert und ohne Furcht mit den Wölfen und den gebotenen Informationen befassen. Selbst unter kompetenten Wolfsexperten bestehen bisweilen unterschiedliche Auffassungen darüber, ob zum gegenwärtigen Zeitpunkt die Akzeptanz für den Wolf schon genügend groß ist, um sich eine baldige Zuwanderung zu wünschen. Dennoch sind sie sich einig in ihren Bemühungen, jenseits von schwärmerischer Naturromantik aufzuklären, Probleme und Schwierigkeiten zu benennen und aus dem Weg zu räumen sowie Vorschläge für einen Umgang mit den Wölfen zu machen, sollten sie hier auftauchen und sich zum Bleiben entschließen. So können wir berechtigte Hoffnung haben, dass in nicht zu ferner Zukunft einem Zuwanderer Wolf dann keine Rollen mehr, sondern ein Platz in seiner alten bayerischen Heimat zugeteilt wird. Im Boden und in den Köpfen und Herzen der Menschen wird dann der Wolf in Bayern wieder Spuren hinterlassen – diesmal die Spuren eines geschätzten Mitbewohners.

ZUR AUTORIN

Dr. Gertrud Scherf ist 1947 in Berchtesgaden geboren und wohnt in Osterhofen-Galgweis. Seit 1992 arbeitet sie als freie Autorin. Zuvor war sie als Grund- und Hauptschullehrerin sowie als Wissenschaftliche Assistentin am Institut für Didaktik der Biologie der Universität München tätig.

Bisher sind von ihr erschienen ein *Wörterbuch Biologie* und Bücher zu Heil-, Zier- und Nutzpflanzen, unter anderem *Ginkgo, Gesundheit von der Fensterbank* oder *Gewürzkräutergarten*.

Ihr besonderes Anliegen ist es, die Verbindungen von Natur und Kultur aufzuzeigen, etwa mit der Donausagen-Sammlung *Teufel, Pest und Wassernix* und einem Buch über Zauber- und Hexenkräuter der heimischen Flora, an dem sie soeben arbeitet.

Anhang 1: Einige noch erkennbare Wolfsgruben in Bayern

OBERBAYERN
Im Schernfelder Forst, Landkreis Eichstätt: Die gemauerte Grube ist gut erhalten und wurde vor einiger Zeit freigelegt.[1]
NIEDERBAYERN
Im Wald bei Hönigsgrub, Gemeinde Rinchnach, Landkreis Regen.[2]
Im Wald bei Grattersdorf, Landkreis Deggendorf.[3] Die Wolfsgrube ist ringförmig angelegt.
Im Wald bei der Einöde Oberbreitenau, Gemeinde Bischofsmais, Landkreis Regen.[4]
OBERPFALZ
Bei Nabburg, Landkreis Schwandorf.[5]
Beim Weiler Hochholz, Gemeinde Zell, Landkreis Cham. In der Nähe der Grube befindet sich ein Gedenkstein mit Wolfskopf, der Inschrift WOLFSGRUBE und der Jahreszahl 1972.[6]
Im Wald bei Schnackenhof, Markt Plössberg, Landkreis Tirschenreuth.[7]
Am Schwingenberg bei Pirk, Gemeinde Falkenberg, Landkreis Tirschenreuth: zwei Gruben.[8]
Im Steinwald, Landkreis Tirschenreuth: neben dem Weg von der Dreifaltigkeitskapelle zur Platte, der höchsten Erhebung des Steinwaldes.[9]
Im Wald bei Redenbach, Gemeinde Mähring, Landkreis Tirschenreuth.[10]
SCHWABEN
Im Wald bei Hinterstein, Gemeinde Hindelang, Landkreis Oberallgäu: drei Gruben.[11]
OBERFRANKEN
Bei Burghaig, Stadt Kulmbach.[12]
Im Wald bei Markt Thurnau, Landkreis Kulmbach.[13]
Im Limmersdorfer Forst, Landkreis Bayreuth.[14]
In der Waldabteilung „Wolfsgarten“ bei Wülfersreuth, Gemeinde Bischofsgrün, Landkreis Bayreuth.[15]
UNTERFRANKEN
In der Waldflur „Wolfsgrube“, Markt Rentweinsdorf, Landkreis Hassberge.[16]
Im Flurstück „Wolfsgrube“ bei Vorbach, Landkreis Hassberge.[17]
Im Wald zwischen Schönbach, Steinbach und Gleisenau, Landkreis Hassberge. Im Abstand von jeweils etwa 150 Metern liegen sieben Wolfsgruben auf einer leicht gekrümmten Linie nebeneinander.[18]

Anhang 2: Beispiele für Flurnamen und geographische Namen mit „Wolf“ in Bayern

WOLFACH
fließt bei Vilshofen (Landkreis Passau, Niederbayern) in die Donau.
Der Fluss ist bereits 749 als Wolfaha bezeugt.[1]
WOLFACKER
im Südwesten der Stadt Weißenburg, Landkreis Weißenburg-Gunzenhausen.
„Das Raubwild hatte sich nach dem Dreißigjährigen Krieg so vermehrt, daß 1651 Wolfsjagden veranstaltet werden mußten.“[2]
WOLFÄCKER
im Nordwesten der Stadt Weißenburg, Landkreis Weißenburg-Gunzenhausen.
„Da ein ganzes Gewann* den Namen Wolfäcker trägt, ist die Ableitung von einem PN** Wolf unwahrscheinlich.“[3]
* Abschnitt der Gemarkung
** Personenname
WOLFÄCKERLEIN
im Südwesten der Stadt Weißenburg, Landkreis Weißenburg-Gunzenhausen.
„Benennung vermutl. nach einem ehemaligen Besitzer Wolf.“[4]
WOLFENSEE
Topographische Karte 6230 (Höchstadt a.d. Aisch, Landkreis Erlangen-Höchstadt).[5]
WOLFFS-GARTEN
Eichstätt, Landkreis Eichstätt.
Auf der Karte des Johann Baptist Hohlmann, Eichstätt 1730, ist dieser Flurname zwischen Wimpasing/Ziegelhof und Buchenhüll vermerkt.[6]
WOLFGALGEN
Sulzberg, Landkreis Oberallgäu.[7]
WOLFGALGEN
Denkendorf, Landkreis Eichstätt.[8]
WOLFGALGENHOLZ
südlich von Haselbach, Gemeinde Ruderting, Landkreis Passau.
Zur Abschreckung der anderen Wölfe sollen dort Wölfe erhängt worden sein.[9]
WOLFGRABEN
Stadt Vilsbiburg, Landkreis Landshut.
Der relativ große Geländeeinschnitt war bis zum Anfang des 19. Jahrhunderts mit dem gemeindeeigenen Wald bewachsen.[10]
AM WOLFSGRABEN
Neustadt a.d. Donau, Landkreis Kehlheim.[11]
WÖLFLEIN
im Nordwesten der Stadt Weißenburg, Landkreis Weißenburg-Gunzenhausen.
„Die Flur an der nördl. Gemarkungsgrenze am Riegelbuck liegt unweit des bewaldeten Flüglinger Berges, so daß der FlN an ein Erlebnis mit einem Wolf erinnern mag.“[12]
WOLFRAMS
Truppenübungsplatz Grafenwöhr, Landkreis Neustadt a.d. Waldnaab.[13]
WOLFSACKER
bei Donnersreuth, Landkreis Kulmbach.[14]
WOLFSBERG
bei Dietfurt a.d. Altmühl, Landkreis Neumarkt i.d. Oberpfalz. Vorgeschichtliche Befestigungsanlage.[15]
WOLFSBICHEL
im Retterswanger Tal bei Sonthofen, Landkreis Oberallgäu.[16]
WOLFSBILD
bei Rimpar, Landkreis Würzburg, Unterfranken
„... das Wolfsbild müßte richtig der Wolfsbühel, d.h. Hügel genannt werden. Also Hügel, auf dem Wölfe hausen.“[17]
WOLFSBÜCHEL (1085 m)
Topographische Karte 8428 (Hindelang).[18]
WOLFSBÜHL
Berngau, Landkreis Neumarkt i.d. Oberpfalz.[19]
WOLFSBÜHL
nördlich von Pförring, Landkreis Eichstätt, nahe beim Römerkastell Celcusum.[20]
KLEINE WOLFSCHLUCHT
südlich von Wildbad Kreuth (von Siebenhütten in Richtung Blauberge), Landkreis Miesbach.[21]
WOLFSDOBL
bei Waldkirchen, Landkreis Freyung-Grafenau.
Wiese zwischen zwei Waldstücken.[22]
WOLFSDROSSEL
beginnt bei Wintershof westlich von Eichstätt, Landkreis Eichstätt.
Schlucht, durch die sich nach starken Regenfällen Wasserfluten ergießen und manchmal auch die Stadt berühren.[23]
WOLFSEE
Topographische Karte 8237 (Miesbach).[24]
WOLFSEE, Mittlerer
Topographische Karte 6328 (Scheinfeld).[25]
WOLFSEE, Unterer
Topographische Karte 6328 (Scheinfeld).[26]
WOLFSECK
bei Pleofen, Landkreis Kulmbach.[27]
WOLFSGASSE

Schweinfurt.[28]
WOLFSGASSE
Türkenfeld, Landkreis Fürstenfeldbruck.[29]
WOLFSGASSE
Hohlweg bei Windschnur, Stadt Landau a.d. Isar, Landkreis Dingolfing-Landau.
„Ein mit Zähnen oder Hecken eingefaßter Hohlweg, wo einst Wölfe anzutreffen waren."[30]
WOLFSGERÄUMT
Dürnbucher Forst (zwischen Siegenburg, Landkreis Kelheim, und Geisenfeld, Landkreis Pfaffenhofen a.d. Ilm)[31]
WOLFSGRABEN
zwischen Maroldsweisach und Ermershausen, Gemeinde Maroldsweisach, Landkreis Hassberge.
Im Wald gelegene Vertiefung.[32]
WOLFSGRABEN
zwischen Eiselstorf, Gemeinde Arnstorf, Landkreis Rottal-Inn, und Simbach, Landkreis Dingolfing-Landau.
Senke im Wald.[33]
WOLFSGRABEN
Graben in der Nähe von Wolfsbach Stadt Bayreuth.[34]
WOLFSGRABEN
Gemeinde Fiegenstall, Landkreis Weißenburg-Gunzenhausen.[35]
WOLFSGRABENBACH
Mühlhausen, Stadt Neustadt a.d. Donau, Landkreis Kelheim.[36]
WOLFGRUBACKERL IM AMERSÖDERFELD
Reichenöd, Stadt Vilsbiburg, Landkreis Landshut.[37]
WOLFSGRUBE
bei Burghaig , Stadt Kulmbach, Landkreis Kulmbach.
Wolfsgrube ist noch vorhanden.[38]
WOLFSGRUBE
Oberviechtach, Landkreis Schwandorf.[39]
WOLFSGRUBE
Waldabteilung bei Wolfsbach, Stadt Bayreuth.[40]
WOLFSGRUBE
Waldflur bei Rentweinsdorf, Landkreis Hassberge.
„In der Waldflur ‚Wolfsgrube' ist tatsächlich noch die Vertiefung zu sehen, die einst eine ausgemauerte Wolfsgrube war. Sie ebnet sich ganz natürlich von selbst ein, seit die Quader zum Wegbau verwendet wurden. Der letzte Wolf soll um 1700 dort gefangen worden sein."[41]
WOLFSGRUBE
Truppenübungsplatz Grafenwöhr, Landkreis Neustadt a.d. Waldnaab.[42]
WOLFSGRUBEN
nördlich von Haselbach, Gemeinde Ruderting, Landkreis Passau.[43]
WOLFSGRUBENSCHLAG
Waldflur im Süden der Stadt Weißenburg, Landkreis Weißenburg-Gunzenhausen.
„Westl. der Straße ist etwa 120 m vor der Einmündung des Bierweges die Wolfsgrube eingezeichnet, die angeblich zum Wolfsfang diente. Schlag bedeutet Waldteil."[44]
WOLFSGRUBENWEG
Oberviechtach, Landkreis Schwandorf.[45]
WOLFSGRUND
Maroldsweisach, Landkreis Hassberge.
Liegt in einem Neubaugebiet.[46]
WOLFSGRUND
zwischen Münchsteinach und Mittelsteinach Gemeinde Münchsteinach, Landkreis Neustadt a.d. Aisch – Bad Windsheim.
Kleines Tal.[47]
WOLFSGRUPPEN
Traunfeld, Gemeinde Lauterhofen, Landkreis Neumarkt i.d. Oberpfalz.[48]
WOLFSKEHL
Kraisdorf, Gemeinde Pfarrweisach, Landkreis Hassberge.
Mundartlich „Wolfskahl".[49]
WOLFSKEHLE
Kulmbach, Landkreis Kulmbach.
Unterhalb eines Hanges hinter der Plassenburg.[50]
WOLFSKNOCK
bei Hutschdorf Gemeinde Thurnau, Landkreis Kulmbach.[51]
WOLFSKOPF
Dürnbucher Forst (zwischen Siegenburg, Landkreis Kelheim, und Geisenfeld, Landkreis Pfaffenhofen a.d. Ilm).[52]
WOLFSKOPF (1525 m)
Topographische Karte 8331 (Bayersoien).[53]
WOLFSKUCHEL
nordwestlich von Unterbrunn, Gemeinde Gauting, Landkreis Starnberg.
Senke auf einem Höhenrücken, der sich nordwestlich von Unterbrunn in Richtung Argelsried hinzieht.[54]
WOLFSLAUF
Hösbach, Landkreis Aschaffenburg.[55]
WOLFSLOH
Fichtelberg, Landkreis Bayreuth.[56]
WOLFSLOHE
Oberröslau, Gemeinde Röslau, Landkreis Wunsiedel.[57]
WOLFSLOHWEG
Fichtelberg, Landkreis Bayreuth.[58]
WOLFSRANGEN
Truppenübungsplatz Grafenwöhr, Landkreis Neustadt a.d. Waldnaab.[59]
WOLFSRIEGEL (915 m)
Topographische Karte 6734 (Neumarkt i.d. Oberpfalz).[60]
WOLFSRIEGELWEG
Neukirchen b. Hl. Blut, Landkreis Cham.[61]
WOLFSSCHLUCHT
bei Losenried Gemeinde Walderbach, Landkreis Cham.[62]
WOLFSSCHLUCHT
Neubeuern, Landkreis Rosenheim.[63]
WOLFSSCHLUCHT
bei Grünsberg Gemeinde Altdorf bei Nürnberg, Landkreis Nürnberger Land.[64]
WOLFSSENGE
Truppenübungsplatz Grafenwöhr, Landkreis Neustadt a.d. Waldnaab.[65]
WOLFSTAL
bei Zimmern, Gemeinde Pappenheim, Landkreis Weißenburg-Gunzenhausen.[66]
WOLFSTALL
Waldung bei Wolferding Stadt Vilsbiburg, Landkreis Landshut.[67]
„Stall" entspricht „Stelle".
WOLFSTALLHOLZ
Trauterfing, Stadt Vilsbiburg, Landkreis Landshut.[68]
WOLFSTEINER OHE
Fluss im Landkreis Freyung-Grafenau. Benennung nach Burg Wolfstein.
WOLFSTHAL
Trockental zwischen Fronberg und Schlossberg im Stadtteil Mühlbach, Stadt Karlstadt, Landkreis Main-Spessart.[69]
WOLFSZAHNAU
Gebiet im Zusammenfluss von Lech und Wertach, Landkreis Augsburg.
Wolfszahn benutzte man noch bis nach dem zweiten Weltkrieg als Polierwerkzeug bei Vergoldungen.[70]
Eine Reihe von Flurnamen im Landkreis Tirschenreuth, die in Zusammenhang mit Wolfsgruben stehen, listet Harald Fähnrich (1992, S. 72 f.) auf.

Anmerkungen

DER WOLF – EIN UREINWOHNER BAYERNS

1 Angaben zur Vorgeschichte bei Herre/Röhrs 1990, S. 95ff.; Bibikow 1990, S. 12ff; Uenze 1982.

SPUREN DER WIRKLICHKEIT

Tote Wölfe

1 Dingler 1950; schriftliche Mitteilung Zoologische Staatssammlung München (Dr. Richard Kraft, 1997) und Naturkundemuseum Bamberg (Dr. Matthias Mäuser, 1999).

[2] Frankenberger 1994, Röckel 1999.
[3] Zeitungsbericht vom 09.02.1977; schriftliche Mitteilung Museum der heimischen Tierwelt Nabburg (Hans Ziegler, 1999).
[4] Boessneck u.a. 1971.
[5] Lipper 1981/82
[6] Driesch 1995/96.
[7] Boessneck/Driesch-Karpf 1967.
[8] Benecke/Heinrich/Driesch, in Vorb.
[9] Diemand 1996.
[10] Hansmann/Kriss-Rettenbeck 1966.
[11] Schriftliche Mitteilung Bayerisches Nationalmuseum (Maud Jahn, 1999).

Wolfsgruben

[1] Unveröffentlichtes Manuskript Josef Wenig (1989).
[2] Hinweis Rudolf Hager (1994).
[3] Hinweis Günter Lipp (1999); Lipp 1999 a.
[4] Hinweis Günter Lipp (1999); Lipp 1999 b.
[5] Hinweis Herr Matschke (1994).
[6] Aus dem Pfarrbuch von Gollhofen aus dem Jahre 1835.
[7] Teplitzky b.
[8] Weigand 1973.
[9] Habel 1992.
[10] Graf B. 1991.
[11] Wachter 1955.
[12] Seyfert 1978.
[13] Eichhof 1950, S. 95 f.
[14] Fähnrich 1992.
[15] Rieder 1884.
[16] Amtliches Ortsverzeichnis für Bayern 1991.
[17] Schriftliche Mitteilung Konrad Niederschweiberer (1993).

Flurdenkmäler

[1] Westerholz 1980, S. 105.
[2] Aus der Feldforschung Rudolf Bayerl.
[3] Griesbach 1985, S. 69.
[4] Unveröffentlichtes Manuskript Leonore Böhm.
[5] Fähnrich 1980.
[6] Graf, Roland 1979, S. 29f.
[7] Graf, Bernd 1991.
[8] Schriftliche Mitteilung Konrad Fahmüller (1992); schriftliche Mitteilung Georg Graf v. Soden-Fraunhofen.
[9] Schriftliche Mitteilung Ferdinand Steffan (1993).
[10] Angaben nach Artikeln in der Fränkischen Landeszeitung (10.11.1989; 14.02.1986; 02.11.1985; 20.09.1961).
[11] Raab 1993.
[12] Text auf der Tafel am Wegweiser „Eisernes Handl".
[13] Hinweis Annette und Dieter Schlotter (1993); Peter Högler. Arnold 1964. S. 19.
[14] Uffenheimer Heimatblätter 1937. Hinweis Peter Högler (1994).
[15] Weiß 1995.
[16] Weißenburger Heimatblätter 1942. Hinweis Rudolf Hager (1994).
[17] Schmeissner 1981.
[18] Schmeissner 1981.
[19] Manuskript Oberförster Tröster (Forstdienststelle Ahornberg des Forstamts Fichtelberg) „Die Wolfsäule" 10.07.1975.
[20] Manuskript Geistlicher Rat Vogl, Pfarramt Kulmain, vom 25.06.1975. Fähnrich 1980.

Die Ausrottung des Wolfs in der heimatkundlichen Literatur

[1] Eine sehr sorgfältig recherchierte Zusammenstellung „letzter Wölfe" in Deutschland bei Röckel 1999.
[2] Diemand 1930/96.
[3] Staudinger 1992.
[4] Jeßberger/Schneider 1985; Staudinger 1992; Stenger 1971; Weiß 1995.
[5] Neubauer 1993.
[6] Fähnrich 1992.
[7] Dingler 1950.
[8] Mitterwieser 1911.
[9] Donau-Kurier vom 18.01.1997.
[10] Heimatglocken, November 1960.
[11] Unveröffentlichtes Manuskript Leonore Böhm.
[12] Frankenberger 1994; Röckel 1999.
[13] Schriftliche Mitteilung Reinhold Albert (1993). Albert o. J; Albert 1999.
[14] Huber 1933, nach Konrad Fahmüller (1992).
[15] Schriftliche Mitteilung Fritz Markmiller (1993)
[16] Pfund 1904; Altbayerische Heimatpost 1994, 35.
[17] Pfund 1904.
[18] Haushofer 1980.
[19] Aus dem Pfarrbuch in Gollhofen vom Jahre 1835 Evang.-luth. Pfarramt Gollhofen.
[20] Schnizzer 1938/78.
[21] Högler 1994.
[22] Wachter 1955.
[23] Raab 1955.
[24] Schriftliche Mitteilung Helmut Mahr (1995).
[25] Wachter 1955.
[26] Alles wurde aufgeboten, den Waldteufel Wolf zu jagen, Heimatglocken Nov. 1960.
[27] Wachter 1955.
[28] Steckbauer 1978.
[29] Steckbauer 1978.
[30] Zusammenfassungen der Schreckensmeldungen in einer heimatkundlichen Beilage der Zeitung „Grenzwarte" aus der Zeit um 1930, aufgeschrieben von Teplitzky a und b.
[31] Sax 1857.
[32] Stenger 1971.
[33] Arnold 1965.
[34] Jeßberger/Schneider 1985.
[35] Böhm 1989.
[36] Huber 1933, nach Konrad Fahmüller (1992).
[37] Schriftliche Mitteilung Hans Greinwald (1993).
[38] Sax 1857.
[39] Miller 1953.
[40] Arnold 1965.
[41] Weigand 1973; Stenger 1971.
[42] Putz 1926.
[43] Seyfert 1978.
[44] Poschinger 1911.
[45] Miller 1953.
[46] Kobell 1932.
[47] Wachter 1955.
[48] Söckler 1904/1905.
[49] Haushofer 1980.
[50] Huber 1933.
[51] Diemand 1930/96.
[52] Layer 1953.
[53] Steckbauer 1978 (Rötz); Mitterwieser 1937 (Münchner Obristjägermeisteramt). Die Tabellen wurden von der Autorin aufgrund der bei beiden Autoren genannten Zahlen erstellt.
[54] Pohl 1988.
[55] Handschriftliche Aufzeichnungen des Klosters Rohr, nach Konrad Fahmüller (1992).
[56] Stenger 1971.
[57] Layer 1953
[58] Wachter 1955
[59] Wolfsjagden in fränkischen Fürstentümern 1940.
[60] Mitterwieser 1911.
[61] Wolfsjagden in fränkischen Fürstentümern 1940.
[62] Donau-Kurier vom 18.01.1997.
[63] Mitterwieser 1937.
[64] Diemand 1930/96.
[65] Anonymus: Die letzten Wölfe. In: Griesbach 1985, S. 70.
[66] Wachter 1955.
[67] Czoppelt 1963.

BILDER ALS SPUREN

Bildende Kunst

1 Schriftliche Mitteilung Dr. Hans-Peter Uenze (1998).
2 Torbrügge/Uenze 1968.
3 Hinweis Rudolf Reiser (1993). Ebermann 1991, S. 11
4 Blankenburg 1943, S. 261ff. Vera von Blankenburg setzt sich in ihrem Werk anhand einer Fülle von Beispielen sehr ausführlich mit der mittelalterlichen Tierornamentik auseinander.
5 Schriftliche Mitteilung Dr. Christoph Emmendörffer.
6 Schriftliche Mitteilung Prof. Dr. Rainer Kahsnitz.
7 Keller 1987, S. 520.
8 Dehio 1988, S. 598.
9 Dehio 1990, S. 1065.
10 Bleibrunner 1967.
11 Weitlauff 1989; Keller 1987, S. 488.
12 Städtische Kunstsammlungen Augsburg 1973.
13 Keller 1987, S. 488; Dehio 1989, S. 1036.
14 Die Welt des Hans Sachs 1976.
15 Die Welt des Hans Sachs 1976, Katalog-Nr. 6.
16 Die Welt des Hans Sachs 1976, Katalog-Nr. 25
17 Die Welt des Hans Sachs 1976, Katalog-Nr. 83.
18 Hahn o. J.
19 Schriftliche Mitteilung Evelin Arneth (1999).
20 Goethe 1987.
21 Bistritzki 1980; Reister 1992.
22 Tobien 1982.
23 Haller 1983: Fruths Zeichnung S. 129, seine Äußerung zur Zeichnung S. 179.
24 Kroher, Friederike K. van der, S. 8.

Sinnbild in öffentlichen Wappen

1 Das Passauer Stadtwappen 1922, S. 45 ff. Schriftliche Mitteilungen Stadtverwaltung Passau (1999).
2 Schöppner 1874, Bd. 2, Nr. 520.
3 Schöppner 1874, Bd. 3, Nr. 1280.
4 Informationen und Abbildungen stellten die meisten der angeschriebenen Städte, Märkte und Gemeinden zur Verfügung, außerdem die Regierung von Oberfranken, die Regierung der Oberpfalz, das Bayerische Hauptstaatsarchiv (für Oberbayern), der Bezirk Unterfranken. Benützt wurden auch die Wappenbücher von Unter- und Oberfranken.

Allerlei Gebild

1 Schriftliche Mitteilung Oskar Kirchner (1993).
2 Schmeller 1877, S. 902 f.
3 Jünemann 1986, S. 31.
4 Osterwölfe gab es in Pommern (Greifswald, Stralsund, Rügen): Jünemann 1976, S. 31; Höfler 1906, S. 98 ff.
5 Der Teddybär soll ursprünglich den harmlosen Beutler Koala dargestellt haben und auf ein Spielzeug des amerikanischen Präsidenten Theodore Roosevelt (1858–1919) zurückgehen.
6 Als Beispiel die Plüschwölfe der oberfränkischen Firma Erich Bohl Plüschspielwaren-Fabrik, 96472 Rödental-Kipfendorf.
7 Schriftliche Mitteilung Firma Schuco GmbH & Co, Nürnberg (1998).
8 Die Firma Hausser-Elastolin existiert nicht mehr; der Figurenbestand ist in den Besitz der Firma Barthel-Modellbautechnik (Ansbach) übergegangen. Von ihr wurde der Wolf (Sammler 1998) zur Verfügung gestellt.
9 Die Spielmacher J. W. Spear 1998, Tafel 38.

SPUREN IN SPRACHE UND KLÄNGEN

Namen

1 Kluge 1989.
2 Schauber/Schindler 1992.
3 Schriftliche Mitteilung Dr. Adalbert Mayer (2000). Wessobrunner Klosterchronik von 1753 (aus dem Lateinischen übersetzt von Dr. Adalbert Mayer).
4 Wimmer/Hartmann 1984.
5 Schriftliche Mitteilung Markt Hohenwart, Herr Petz (2000).
6 Schriftliche Mitteilung Stadtverwaltung Wolframs-Eschenbach, Frau Einzinger, (2000).
7 Höfer/Rahner 1965; Marktgemeinde Reisbach 1960; Dehio 1988.
8 dtv Lexikon 1999.
9 Klicktel 2000 (CD-Rom).
10 dtv-Lexikon 1999
11 Schmeller 1877, S. 902 f.
12 Manche Kunde gibt es auch noch von früheren, nicht mehr bestehenden Orten wie dem Weiler *Wolfslegel*, der auf dem Gelände des heutigen Truppenübungsplatzes Grafenwöhr liegt und bereits Anfang dieses Jahrhunderts abgebrochen wurde (Griesbach 1985).
13 Schriftliche Mitteilung Alois Stocker (1993).
14 Schriftliche Mitteilung Paul Werner (1992).
15 Hinweis Rudolf Hager (1994). Böck 1989.
16 Amtliches Ortsverzeichnis für Bayern 1991.
17 Schriftliche Mitteilung Ernst Aicher (1993).
18 Bauer 1984.
19 Schöppner 1874, Bd. 1, Nr. 224.
20 Schriftliche Mitteilung Archiv und Bibliothek der Stadt Schweinfurt (Herr Strobl 1994).
21 Schinzel-Penth 1977, S.64 ff.
22 Karte und Flurnamenverzeichnis Gemeindeverwaltung Türkenfeld; schriftliche Mitteilung Gemeindeverwaltung Türkenfeld (Herr oder Frau Rothenhagen 2000).
23 Stark 1984.
24 Schriftliche Mitteilung Dr. Michael Henker (1992).
25 Dünninger 1964, S. 68 f.
26 Altbayerische Heimatpost Nr. 48, 1995, Rump 1990. Schriftliche Mitteilung Franz Hummel (2000).
27 Hinweis Rudolf Hager (2000). Steine erzählen vom Mittelalter, 2000.
28 Paul Praxl, Kreisarchiv Freyung-Grafenau, Info Nr. 16, 1999; Schloss Wolfstein 1993.
29 Dehio 1988.
30 Schriftliche Mitteilung Gemeinde Obertrubach und Landratsamt Forchheim (2000). Jubiläumsschrift 100 Jahre Freiwillige Feuerwehr Wolfsberg, 1990; Kirsch 1992.
31 Marzell 1958.
32 Angaben insbesondere nach Marzell 1937.
33 Belegt für Pichlberg, Landkreis Neustadt a.d. Waldnaab (aus der Feldforschung Leonore Böhm).
34 Namen nach Schmeil 1996.
35 Namen nach Brohmer 1984.

Sagen

1 nach Haller 1983, S. 41.
2 Panzer 1956, S. 192.
3 Riess 1949.
4 nach Böck 1982, S. 286 f.
5 nach Böck 1982, S. 287.
6 Kapfhammer 1992, S. 79. Die Sage stammt aus dem südlichen Allgäu. (Quelle: Sagenarbeiten der Pädagogischen Hochschule Augsburg).
7 nach Endrös/Weitnauer 1954, S. 149 f.
8 Endrös/Weitnauer 1954, S. 150 f.
9 Reichold 1976, S. 86.
10 nach Praxl 1972, S. 76 und Sammlung Josef Fruth, Fürsteneck.
11 Böck 1986, S. 196.
12 Sage aus der Feldforschung von Rudolf Bayerl.
13 nach Praxl 1972, S. 76–78 und Sammlung Josef Fruth, Fürsteneck.
14 Schmidt 1979, S. 97.
15 Jakob Rädler, in: Fritz Lämmerer 1922, S. 116 f.
16 vgl. Petzoldt 1999, S. 136.
17 Schriftliche Mitteilung von Peter Wehner (1993).
18 Sagen und Legenden aus unserem Heimatkreis 1950, S. 10.
19 Fähnrich 1980, S. 144.
20 Schinzel-Penth 1977, S. 65 ff.
21 Schubert 1910.
22 Fähnrich 1980, S. 273.
23 Schöppner 1874, Bd. 2, Nr. 612.

[24] Hinweis von Peter Högler (1994).

Legenden und Mirakelberichte

[1] Bernhart 1937, S. 163 ff.
[2] Bernhart 1937, S. 80.
[3] Bilgri 1997, S. 123 (Anhang: Aus den Mirakelbüchern, zusammengestellt von Walter Pötzl).
[4] Reger 1969, S. 264 (Aufzeichnung in einem in St. Wolfgang am Wolfgangsee aufbewahrten Wallfahrtsbuch aus der Zeit um 1730).
[5] Weitlauff 1989, S. 138 (Älteste schriftliche Fixierung der Legende in „Sanct Augustani", Augsburg 1601).
[6] Schrickel 1987.
[7] Schöppner 1874, Bd. 2, Nr. 848.
[8] Kriß 1955, S. 161.
[9] Kapfhammer 1968, S. 20.
[10] Raab 1993.
[11] Sedlmeier 1979, S. 38 (Quelle: Brückl Josef: Eine Reise durch den Kreis Pfaffenhofen S. 14).
[12] nach Der Zwiebelturm 1957, S. 136.
[13] Schöppner 1874, Bd. 2, Nr. 608.
[14] Schriftliche Mitteilung Herren Hahn und Jäger (1998).
[15] Theopold 1981, S. 88 ff. Schriftliche Mitteilung Pater Egino (1999).
[16] Schöppner 1874, Bd. 2, Nr. 752.
[17] Brückner 1978, S. 52 ff.
[18] Mainpost Würzburg vom 11./12.11.94.
[19] Schöppner 1874, Bd. 2, Nr. 906.

Spruch und Klang

[1] Beitl 1981, S. 983.
[2] Schmeller 1877.
[3] Das Bayerland 1892, S. 142.
[4] Markmiller 1981, S. 45.
[5] Zusammenstellung stützt sich unter anderem auf Röhrich 1992.
[6] Haller 1981, S. 71.
[7] Beckh 1987, S. 166.
[8] Reiser 1902/79, S. 665.
[9] Reimeier 1985.
[10] Schriftliche Mitteilung Georg Loibl (1992).
[11] Ertl 1988.
[12] Maschinengeschriebenes Manuskript Alfred Fuchs 1978.
[13] Deutsche Gaue 1904/05, S. 171 f.
[14] Haller 1977, S. 216.
[15] Eltheimer 1974.

WER IST DER WOLF

Seine Rollen

[1] Kinder- und Hausmärchen 1980, S. 495 f.
[2] Röhrich 1976, S. 129; Handwörterbuch des Deutschen Aberglaubens, Bd. IX, 1941, S. 716 ff.
[3] Petzoldt 1990; Beitl 1981;
[4] Röhrich 1976, S. 142–195.
[5] Zeitungsbericht vom 25.2.1985.
[6] Süddeutsche Zeitung vom 15.07.1998.
[7] Röhrich 1976, S. 129.
[8] Röhrich 1986, S. 91 ff.
[9] Goethe 1987.
[10] Am 5.10.1992 meldete die Süddeutsche Zeitung unter der Überschrift „Wilder Werwolf wütet am Steuer", dass ein 38-jähriger Mann, der in einer Amokfahrt Autos beschädigt und Menschen verletzt hatte, sich selbst als Werwolf bezeichnet habe.
Der Mann, der im Spätherbst 1997 in Haus im Wald (Landkreis Freyung-Grafenau) eine junge Frau grausam ermordet hatte, sagte nach seiner Festnahme, er sei der Wolf und handle im Auftrag des Wolfs (Passauer Neue Presse vom 10. November 1997).
[11] Schneider, Christian: Öko-Konto gegen Flächenfraß. Süddeutsche Zeitung vom 30.7.1998.
[12] Estés, Clarissa Pinkola: Die Wolfsfrau. Die Kraft der weiblichen Urinstinkte. Aus dem Amerikanischen von Mascha Rabben. Überarbeitete und erweiterte Auflage. München: Wilhelm Heyne Verlag 1995.
[13] Senser, Anja und Klaus Lang: Heilbuch der Druiden. München: Ludwig 1999, S. 143.

Seine Biologie

[1] Brehms Tierleben 1954, S. 139.
[2] Fakten unter anderem aus: Bibikow 1990; Müller-Using 1979; Zimen 1997; Broschüren, Faltblätter und Informationsschriften von Euronatur und der Wildbiologischen Gesellschaft; schriftliche Mitteilungen von Ingeborg Merz von Euronatur (1999); im Internet: home.t-online.de/ home/041656556-001/amarok.htm.
[3] Wood 1995, S. 10.
[4] Bibikow 1990, S. 107 ff.
[5] Zimen 1997, S. 411 f.
[6] Aussage unter anderem in: Wölfe! ein europäisches Schutzkonzept. Presseinformation der Wildbiologischen Gesellschaft München e.V. vom 25.03.1993.
[7] Nach Angaben von Versicherungen sollen jedes Jahr in Deutschland etwa 50 000 Menschen von Hunden gebissen werden; ein Drittel von ihnen seien Kinder (Stephan Handel und Anja Stenzel: Zum Töten erzogen, in: Passauer Neue Presse vom 27.06.2000).

Seine Situation und seine Chancen

[1] Informationen dazu unter anderem von Euronatur und Wildbiologischer Gesellschaft München e.V.
[2] Chimelli, Rudolf: Die mit den Schafen tanzen. Süddeutsche Zeitung vom 7.9.1998.
[3] Calonego, Bernadette: Die Bestie vom Val Ferret. Im Schweizer Kanton Wallis herrscht helle Aufregung über zugewanderte Wölfe. Süddeutsche Zeitung vom 28./29.12.1996.
Calonego, Bernadette: Isegrims blutige Rückkehr in die Alpen. Nach 150 Jahren im italienischen Exil gefährden Wolfsrudel wieder die Wildbestände in der Schweiz. Süddeutsche Zeitung vom 29.12.1998.
[4] Neue Zürcher Zeitung vom 31.12.1999.
[5] Süddeutsche Zeitung vom 19.8.1999.
[6] Holzhaider Hans: Wölfe heulen wieder in Brandenburgs Wäldern. Süddeutsche Zeitung vom 10./11./12.4.1993.
Ein ausgerottetes Tier gewinnt Lebensraum. Frankenpost Hof vom 24./25./26.12.1993.
Die Rückkehr der Wölfe nach Deutschland. Amarok (Internet), 27.12.1999.
Der Wolf. Euronatur-Projekte für den Schutz der Wölfe (Faltblatt, erhältlich zusammen mit anderen Informationen bei Euronatur, Konstanzer Str. 22, 78315 Radolfzell. Euronatur sucht für die Unterstützung seiner Wolfsprojekte „Wolfspaten").
[7] Niedersächsisches Landesamt für Ökologie (Hrsg.): Wölfe in Niedersachsen? Hannover 1997.
[8] Süddeutsche Zeitung vom 23.12.1991.
[9] Passauer Neue Presse vom 9.12.1994 und vom 6.2.1996.
[10] Wölfl 1999.
[11] Den Chancen und Problemen einer natürlichen Rückwanderung von Großssäugern (Elch, Wolf, Bär) nach Bayern war eine Tagung gewidmet, zu der die Akademie für Naturschutz und Landschaftspflege im November 1999 Wildbiologen, Jäger, Förster, Landwirte, Naturschutzfachleute, Behördenvertreter und Mitglieder von Verbänden nach Passau geladen hatte. Von verschiedenen Seiten wurde damals, unter anderem auch vom Bayerischen Staatsministerium für Landesentwicklung und Umweltfragen, auf die fehlende Akzeptanz der Bevölkerung für Rückwanderer wie Wolf und Bär hingewiesen. Deutlich wurde aber auch die große Bedeutung eines Schadenfonds für die Förderung der Akzeptanz.
(Bayerische Akademie für Naturschutz und Landschaftspflege: Kommen Elche, Wölfe und Bären wieder nach Bayern? Presse-Informationen 46/99 vom 15.12.1999. Bayerisches Staatsministerium für Landesentwicklung und Umweltfragen: ANL-Workshop

„Umgang mit Großtieren“ am 24./25. Nov. 1999 in Passau. München: 23.11.1999.)

ANHANG 1
[1] Hinweis Rudolf Hager.
[2] Hinweis Josef und Ludwig Wenig.
[3] Hinweis Herr Matschke.
[4] Seyfert, 1979; Böckl, 1992.
[5] Hinweis Ernst Dausch.
[6] Fähnrich 1992.
[7] Fähnrich 1992.
[8] Fähnrich 1992.
[9] Fähnrich 1992.
[10] Fähnrich 1992.
[11] Hinweis Albert Wechs.
[12] Hinweis Dieter Schmudlach; Schwarz 1991.
[13] Hinweis Dieter Schmudlach; Schwarz 1991.
[14] Hinweis Dieter Schmudlach; Schwarz 1991.
[15] Hinweis Bertram Popp; Habel 1992.
[16] Hinweis Günther Lipp; Rotenhan/Dold 1983.
[17] Hinweis Günther Lipp; Lipp 1999a.
[18] Hinweis Günther Lipp; Lipp 1999b.

ANHANG 2
[1] Hinweis Dr. Michael Henker.
[2] Beier 1995, S. 116; Hinweis Rudolf Hager.
[3] Beier 1995, S. 308; Hinweis Rudolf Hager.
[4] Beier 1995, S. 191; Hinweis Rudolf Hager.
[5] Hinweis Herr Treleano.
[6] Hinweis Rudolf Hager.
[7] Hinweis Herbert Marquart.
[8] Hinweis Rudolf Hager.
[9] Hinweis Manfred Stolper.
[10] Hinweis Florian Obermayer.
[11] Hinweis Stadtarchiv Neustadt a.d. Donau (Metzger).
[12] Beier 1995, S. 191; Hinweis Rudolf Hager.
[13] Griesbach 1985; Hinweis Leonore Böhm.
[14] Edelmann 1954; Schwarz 1991; Hinweis Dieter Schmudlach.
[15] Hinweis Rudolf Hager.
[16] Hinweis Albert Wechs.
[17] Arnold 1963, S. 23; Hinweis Annette und Dieter Schlotter.
[18] Hinweis Herr Treleano.
[19] Hinweis Rudolf Bayerl.
[20] Hinweis Rudolf Hager.
[21] Hinweis A. K. Limmer.
[22] Hinweis Alfred Fuchs.
[23] Hinweis Rudolf Hager.
[24] Hinweis Herr Treleano.
[25] Hinweis Herr Treleano.
[26] Hinweis Herr Treleano.
[27] Edelmann 1954; Schwarz 1991; Hinweis Dieter Schmudlach.
[28] Hinweis Peter Högler, Herr Strobl.
[29] Schinzel-Penth 1977; Hinweis Stadtverwaltung Türkenfeld (Rothenhagen).
[30] Fraundorfer S. 17; Hinweis Stadtverwaltung Landau a.d. Isar.
[31] Donau-Kurier vom 18.01.97; Hinweis Rudolf Hager.
[32] Hinweis Günter Lipp.
[33] Hinweis Ludwig Kitzinger.
[34] Hinweis Herr Adam, Landratsamt Bayreuth.
[35] Weißenburger Heimatbücher, 7. Jg., 1930; Hinweis Rudolf Hager.
[36] Hinweis Stadtarchiv Neustadt a.d. Donau (Metzger).
[37] Hinweis Florian Obermayer.
[38] Hinweis Dieter Schmudlach.
[39] Hinweis Hubert Teplitzky.
[40] Hinweis Herr Adam.
[41] Rotenhan/Dold 1983, S. 55; Hinweis Günter Lipp.
[42] Griesbach 1985; Hinweis Leonore Böhm.
[43] Hinweis Manfred Stolper.
[44] Beier 1995, S. 441; Hinweis Rudolf Hager.
[45] Hinweis Hubert Teplitzky.
[46] Hinweis Günter Lipp.
[47] Hinweis Heinz Kühlwein.
[48] Hinweis Rudolf Bayerl.
[49] Hinweis Günter Lipp.
[50] Schwarz 1991; Hinweis Dieter Schmudlach.
[51] Edelmann, 1954; Hinweis Dieter Schmudlach.
[52] Donau-Kurier vom 18.01.97; Hinweis von Rudolf Hager.
[53] Hinweis Herr Treleano.
[54] Hinweis Gerhard Schober.
[55] Hinweis Hans Fleckenstein.
[56] Hinweis Herr Adam.
[57] Hinweis Dieter Hempel.
[58] Hinweis Herr Adam.
[59] Griesbach 1985; Hinweis Leonore Böhm.
[60] Hinweis Herr Treleano.
[61] Hinweis Dr. Bärbel Kleindorfer-Marx.
[62] Hinweis Dr. Bärbel Kleindorfer-Marx.
[63] Hinweis Ferdinand Steffan.
[64] Hinweis Herr Treleano.
[65] Griesbach 1985; Hinweis Leonore Böhm.
[66] Hinweis Rudolf Hager.
[67] Hinweis Florian Obermayer.
[68] Hinweis Florian Obermayer.
[69] Hinweis Peter Wehner.
[70] Hinweis Dr. Irmgard Hiller und Hans Blöchel.

Literatur

Albert, Reinhold: Chronik von Rieth und Albingshausen. Gemeinde Hellingen 1999.
Amtliches Ortsverzeichnis für Bayern. Gebietsstand: 25. Mai 1987. Hrsg. vom Bayerischen Landesamt für Statistik und Datenverarbeitung. München 1991. Dieses Verzeichnis ist derzeit noch gültig, da nach Auskunft des Bayerischen Landesamts für Statistik und Datenverarbeitung vor 2005 keine aktualisierte Auflage erscheinen wird.
Arnold, Alfons: Nomen est Omen. Gemeinde Rimpar: Selbstverlag 1963.
Arnold, Alfons: Rimpar im Schatten der Burg. Rimpar: Selbstverlag 1964.
Arnold, Alfons: Rimpar im Schein der Fürstenherrlichkeit. Markt Rimpar: Selbstverlag 1965.
Bauer, Reinhard: Namen sind nicht Schall und Rauch. Flurnamen sind Geschichtsquellen und wertvolles Kulturgut. In: Unser Bayern. Heimatbeilage der Bayerischen Staatszeitung, Jg. 33, Nr. 11, November 1984.
Beckh, Wolfgang Johannes: Nur da Not koan Schwung lassn. Bairische Spruchweisheit für jede Gelegenheit. Pfaffenhofen: W. Ludwig 1987.
Beier, Ulf: Weißenburger Flurnamenbuch. Vom Galgenberg ins Himmelreich. Weißenburg: Braun & Elbel KG 1995.
Beitl, Richard: Wörterbuch der deutschen Volkskunde. Begründet von Oswald A. Erich und Richard Beitl. 3. Auflage. Neu bearbeitet von Richard Beitl unter Mitarbeit von Klaus Beitl. Stuttgart: Alfred Kröner 1981.
Benecke, N., D. Heinrich und A.von den Driesch: The project „Holocene History of the European Vertebrate Fauna. In Vorbereitung.
Bernhart, Joseph: Heilige und Tiere. München: Müller 1937.
Bibikow, Dmitrij Iwanowitsch: Der Wolf. 2. Aufl. Wittenberg Lutherstadt: A. Ziemsen Verlag 1990.
Bilgri, Anselm: Bischof Simpert. Heiliger zwischen Legende und Geschichte. Augsburg: Sankt Ulrich Verlag 1997. (Im Anhang eine Zusammenstellung „Aus den Mirakelbüchern“ von Walter Pötzl.)
Bistritzki, Otto Josef: Brunnen in München. München, 2. überarbeitete und erweiterte Aufl. 1980.

Blankenburg, Wera von: Heilige und dämonische Tiere. Die Symbolsprache der deutschen Ornamentik im frühen Mittelalter. 2. Aufl. Köln: Wienand 1975 (Nachdruck der Erstauflage von 1943).
Bleibrunner, Hans (Hrsg.): Das Leben des heiligen Wolfgang nach dem Holzschnittbuch des Johann Weyssenburger aus dem Jahr 1515. Regensburg: Verlag Friedrich Pustet 1967.
Blome, W.: Tierknochenfunde aus der spätneolithischen Station Polling. Diss. med. vet. München 1968.
Böck, Emmi: Regensburger Stadtsagen, Legenden Mirakel. Regensburg: Pustet 1982.
Böck, Emmi: Sagen aus der Oberpfalz. Aus der Literatur. Regensburg: Pustet 1986
Böck, Emmi: Sagen aus dem Neuburg-Schrobenhauser Land 1989. Neuburg an der Donau: Verein zur Förderung Kultureller Aktivitäten im Landkreis Neuburg-Schrobenhausen e.V. 1989.
Boessneck, Joachim und Angela von den Driesch-Karpf: Die Tierknochenfunde des fränkischen Reihengräberfeldes in Kleinlangheim, Landkreis Kitzingen. Zeitschrift für Säugetierkunde, Bd. 32, 1967, H. 4, S. 193–215.
Boessneck, Joachim, Angela von den Driesch, Ute Meyer-Lempenau und Eva Wechsler-von Ohlen: Die Tierknochenfunde aus dem Oppidum von Manching. Wiesbaden: Franz Steiner Verlag 1971.
Böhm, Ludwig: Chronik Hitzhofen. 1989.
Brehms Tierleben. Volksausgabe in einem Band. Neubearbeitet von Wilhelm Bardoff. Berlin: Safari-Verlag 1954.
Brohmer, Paul: Fauna von Deutschland. 16., neugestaltete und erweiterte Auflage von Matthias Schäfer. Heidelberg: Quelle & Meyer 1984.
Brückner, Wolfgang: Gnadenbild und Legende. Würzburg: Echter 1978.
Carl, Helmut: Die deutschen Pflanzen- und Tiernamen. 2. Aufl. Heidelberg, Wiesbaden: Quelle & Meyer 1986.
Czoppelt, Hellmut: Wild und Jagd im Ingolstädter Raum. In: Ingolstädter Heimatblätter 1963, Nr. 7.
Das Passauer Stadtwappen. In: Monatsschrift für die ostbayerischen Grenzmarken. 11. Jg., 1922.
Dehio, Georg: Handbuch der Deutschen Kunstdenkmäler. Bayern II: Niederbayern. Bearbeitet von Michael Brix. München, Berlin: Deutscher Kunstverlag 1988.
Dehio, Georg: Handbuch der Deutschen Kunstdenkmäler. Bayern III: Schwaben. Bearbeitet von Bruno Bushart und Georg Paula. Darmstadt: Wissenschaftliche Buchgesellschaft 1989.
Dehio, Georg: Handbuch der Deutschen Kunstdenkmäler. Bayern IV: München und Oberbayern. Bearbeitet von Ernst Götz u.a. München, Berlin: Deutscher Kunstverlag 1990.
Der letzte Wolf im Fichtelgebirge. In: Fränkische Volkstribüne. 7.1.1909.
Der letzte Wolf in Bayern. In: Kemnather Zeitung vom 18.04.67.
Der Zwiebelturm, 12. Jg., 1957, H. 5, S. 136: St. Mang ackert.
Derolez, R. L. M.: Götter und Mythen der Germanen. Aus dem Holländischen von Julie von Wattenwyl. Wiesbaden: Englisch 1976.
Die Kelten in Mitteleuropa. Kultur, Kunst, Wirtschaft. Salzburger Landesausstellung 1. Mai–30. September 1980 im Keltenmuseum Hallein. 2. Auflage. Salzburg 1980.
Die Spielmacher J. W. Spear – Geschichte einer Spielefabrik. Hrsg. vom Spielzeugmuseum Lydia Bayer. Nürnberg 1998. (Ausstellung des Spielzeugmuseums).
Die Welt des Hans Sachs. 400 Holzschnitte des 16. Jahrhunderts. Hrsg. von den Stadtgeschichtlichen Museen. Nürnberg: Hans Carl 1976. (Ausstellung der Stadt Nürnberg, Stadtgeschichtliche Museen, im Kemenatenbau der Kaiserburg 30.7.–3.10.76).
Diemand, A.: Die Harburg im Ries. Regensburg 1930 (Nachdruck 1996).
Dingler, Max: Nachruf auf das bayerische Großraubwild. In: Der Zwiebelturm, 1950, S. 203–206.
Driesch, Angela von den: Tierknochenfunde aus einem spätrömischen Kalkbrennerviertel in Unterhaching, Lkr. München. In: Keller, E.: Die urnenfelderzeitliche Siedlung und das spätrömische Kalkbrennerviertel in Unterhaching, Lkr. München. Jahresber. Bayer. Bodendenkmalpflege 36/37, 1995/96. München: Selbstverlag des Bayerischen Landesamtes für Denkmalpflege 1996. S.159–168.
dtv-Lexikon in 20 Bänden. Mannheim und München: F.A. Brockhaus GmbH und Deutscher Taschenbuch Verlag 1999.
Dünninger, Josef: Fränkische Sagen vom 15. bis zum Ende des 18. Jahrhunderts. 2. Auflage. Kulmbach: Freunde der Plassenburg 1964.
Ebermann, Bernhard: Gars am Inn. 4. Aufl. München und Zürich: Schnell & Steiner 1991.
Edelmann, Hans: Flurnamen als geschichtliche und kulturgeschichtliche Zeugen. 1954 (= heimatkundliche Quellenschriften. H.7).
Eichhof, Hugo (Hrsg.): Der goldene Steig. Bayerwaldsagen. Lichteneck: Verlag der Buchhandlung Ernst Lüttmann 1950.
Eltheimer, Ludwig: Wie seit Urvätertagen. Brauchtum im ostbayerischen Waldland. In: Ostbayern Almanach 1974.
Endrös, Hermann und Alfred Weitnauer: Allgäuer Sagen. 2. Auflage. Kempten: Verlag des Kreisheimatpflegers von Schwaben 1954.
Ergert, Bernd: Die Jagd in Bayern. Von der Vorzeit bis zur Gegenwart. Rosenheim: Rosenheimer Verlagshaus 1984.
Ertl, Reinhold: Rinchnach: Die Hochburg der Wolfauslasser. In: Schöner Bayerischer Wald, 1988, Nr. 65, S. 15–16.
Fähnrich, Harald: Die Wolf-Säule auf dem Scheibenberg im Landkreis Tirschenreuth – ein Jagddenkmal. Steinkreuzforschung. Sammelband Nr. 19 (NF 4) 1992.
Fähnrich, Harald: Sagen und Legenden im Landkreis Tirschenreuth. Tirschenreuth 1980.
Fähnrich, Harald: Wolfsgruben. Vergessene Jagd-Denkmäler. Beiträge zur Flur- und Kleindenkmalforschung in der Oberpfalz, 15. Jg. 1992, S. 55–74.
Flindt, Rainer: Biologie in Zahlen. Ein Datensammlung in Tabellen mit über 10 000 Einzelwerten. 4. Aufl. Stuttgart, Jena, New York: Gustav Fischer 1995.
Frankenberger, Roland: Der Tiger von Miltenberg oder Der letzte Wolf des Odenwaldes. In: Messebeilage zum „Bote vom Untermain". 26.8.94.
Frankenpost. 27.07.82: Wolfshatz bei Frankenreuth.
Fraundorfer, Josef: An der unteren Isar und Vils. Entwicklung der Gemeinden und Pfarreien des früheren Landkreises Landau a.d. Isar ab 1945. 7. Teil: Die Beschreibung der Orts- und Straßennamen der Stadtgemeinde Landau a.d. Isar. o. J.
Goethe, Johann Wolfgang: Reineke Fuchs in zwölf Gesängen. Mit den Illustrationen von Wilhelm Kaulbach. Berlin: Verlag der Nation 1987.
Gottes Wort und Menschenbild. Werke von Cranach und seinen Zeitgenossen. Teil I: Malerei, Plastik, Graphik, Buchgraphik, Dokumente. Hrsg. vom Schloßmuseum Gotha. Gotha 1994.
Graf, Bernd: Was steckt hinter der „Eisernen Hand"? In: Haßlacherberg- und Gehülz-Gegend. Reihe: Mein Gehülz, Historisches vom Haßlacherberg. Band II. Hrsg. vom Verein für Heimatpflege Gehülz. Kronach 1991.
Graf, Roland: Wegkreuze, Bildbäume, Gedächtnissteine. In: Heimatkundliches Jahrbuch des Landkreises Kronach. 7/1979.
Griesbach, Eckhart: Truppenübungsplatz Grafenwöhr. Behringersdorf 1985.
Habel, Hubertus: „... und die Berge sind Erde und Stein, die Wälder Holz." Wunsiedel 1992.

Hahn, Sylvia: Von der Renaissance zum Barock III. Der Freisinger Hofmaler Christopher Paudiß. Diözesanmuseum Freising o. J.
Haller, Reinhard: Das Wolfauslassen. In: Der Bayerwald, 69. Jg., 1977, H. 4, S. 200–217.
Haller, Reinhard: Natur und Landschaft. Sagen aus dem Bayerischen Wald. Grafenau Morsak 1983.
Haller, Reinhard: Waldlersprüch für dreihundertsechsundsechzig Tage. Lebendiges Sprichwort im Bayerischen Wald. Grafenau: Morsak 1981.
Handwörterbuch des Deutschen Aberglaubens. Hrsg. von Hanns Bächtold-Stäubli. Bd. IX. Berlin: de Gruyter 1942, S. 715 ff.
Hansmann, Liselotte und Lenz Kriss-Rettenbeck: Amulett und Talisman. München: Verlag Georg D. W. Callwey 1966.
Haushofer, Josef: Geschichte von Eggenfelden. 2. Aufl. 1980.
Heimatbuch Raitenbuch (Landkreis Weißenburg-Gunzenhausen).
Herder Lexikon Germanische und keltische Mythologie. 4. Aufl. Freiburg im Breisgau: Herder 1990.
Herre, Wolf und Manfred Röhrs: Haustiere – zoologisch gesehen. 2., völlig neubearbeitete und erweiterte Auflage. Mit 113 Abbildungen und 16 Tabellen. New York, Stuttgart: Gustav Fischer 1990.
Höfer, Josef und Karl Rahner: Lexikon für Theologie und Kirche. 2. Aufl., Freiburg: Herder 1965.
Höfler, Max: Ostergebäcke. Eine vergleichende Studie der Gebildbrote zur Osterzeit. Wien 1906.
Högler, Peter: 's Herrle un's Fräle veräihl'n. Alte Sagen, Geschichten und Anekdoten aus dem Ochsenfurth Gau, Bd. 3. Ochsenfurt 1994.
Huber, Sebastian: Geschichte der Pfarrei Neuhausen bei Landshut. Selbstverlag 1933.
Jeßberger, Kurt und Manfred Schneider: Rohrbrunn und der Hochspessart. Eigenverlag 1985.
Jünemann, Joachim: Der Wolf. Mystifikation des Heils und Unheils. 2. Auflage. Dransfeld: Selbstverlag 1986.
Kapfhammer, Günther (Hrsg.): Bayerische Sagen. 5., veränderte Auflage. München: Diederichs 1992.
Kapfhammer, Günther: St. Englmar. Eine volkskundliche Ortsmonographie, München: Institut für Volkskunde 1968, S. 20.
Keller, Hiltgard L.: Reclams Lexikon der Heiligen und der biblischen Gestalten. 6., durchgesehene Auflage. Stuttgart: Reclam 1987.
Kinder- und Hausmärchen. Gesammelt durch die Brüder Grimm. Vollständige Ausgabe mit über 160 Holzschnitten von Ludwig Richter. 5. Aufl. Bayreuth: Gondrom Verlag 1980.
Kirsch, Wilfried: Wolfsberg: In: Die Fränkische Schweiz 1/92, S.8.
Kluge, Friedrich: Etymologisches Wörterbuch der deutschen Sprache. 22. Auflage. Berlin, New York: Walter de Gruyter 1989.
Kobell, Franz von: Wildanger. Skizzen aus dem Gebiete der Jagd und ihrer Geschichte mit besonderer Rücksicht auf Bayern. Neu herausgegeben von Friedrich Baltheiser. München; Bayerland-Verlag 1932 (Originalausgabe 1858).
Kolb, Aegidius und Manfred Putz: Wappen im Landkreis Unterallgäu. Mindelheim 1991.
Kriß, Rudolf: Die Volkskunde der Altbayerischen Gnadenstätten. Band II. München: Filser 1955.
Krüger-Lorenzen, Kurt: Deutsche Redensarten und was dahintersteckt, 6. Auflage. München: Heyne 1990.
Lämmerer, Fritz: Schwäbische Sagen. Augsburg: Verlag des Bayerischen Schulmuseums 1922.
Layer, A.: Wölfe um Dillingen. Beilage der Donau-Zeitung, 4. Jg., 1953, Nr. 1.
Linder, Erich Dieter und Günter Olzog: Die deutschen Landkreise. Wappen, Geschichte, Struktur. Mit einem Vorwort von Joseph Köhler und Hans Tiedeken. München: Günter Olzog 1986.
Lipp, Günter: Wolfsgruben schützten Menschen. Neue Presse vom 16.8.1999 (a).
Lipp, Günter: Ein ungewöhnliches Jagddenkmal. Bei Gleisenau gibt es sieben Wolfsgruben. Neue Presse vom 9.10.1999 (b).
Lipper, Erdmunte: Die Tierknochenfunde aus dem Römischen Kastell Abusina-Eining, Stadt Neustadt a.d. Donau – Lkr. Kelheim. In: Bericht der Bayerischen Bodendenkmalpflege 22/23, 1981/82. München: Selbstverlag des Bayerischen Landesamtes für Denkmalpflege 1986, S. 81–160.
Mainpost Würzburg vom 11./12.11.94: In der großen Hungersnot kam der Bischof barfuß als Bittsteller.
Mandatensammlung von Kurbayern im Bayerischen Hauptstaatsarchiv München: Mandat vom 26. November 1643.
Markmiller, Fritz: Der Tag der ist so freudenreich. Advent und Weihnachten. Regensburg: Friedrich Pustet 1981.
Marktgemeinde Reisbach (Hrsg.): 1200 Jahre Reisbach. Passau: Neue-Presse-Verlags-GmbH 1960.
Marzell, Heinrich: Tiere in deutschen Pflanzennamen. 1913.
Marzell, Heinrich: Der altbayerische Hirtentag. Weiteres vom Martinstage. In: Der Heimgarten, 2. Jg., 1924, S. 355–356.
Marzell, Heinrich: Neues illustriertes Kräuterbuch. Dritte verbesserte Auflage. Reutlingen: Enßlin & Laiblins Verlagsbuchhandlung 1937.
Marzell, Heinrich: Wörterbuch der deutschen Pflanzennamen. Leipzig: S. Hirzel. Bd. 1: 1943, Bd. 2: 1972, Bd. 3: 1977, Bd. 4: 1979, Bd. 5: 1958.
Miller, Richard: Geschichte des Marktes und der Pfarrei Hauzenberg. Passau 1953.
Mitterwieser, Alois: Die Wolfsplage in Südbayern vor dreihundert Jahren. München 1937.
Mitterwieser, Alois: Zur Jagdgeschichte des Neuburger Waldes. Die ostbairischen Grenzmarken. 19. Jg., 1930, S. 233–238.
Mitterwieser: Raubtierjagd im Werdenfelser Land und Umgebung in früheren Jahrhunderten. Das Bayerland, 22. Jg., 1911.
Motyka, Gustl: Burg Wolfsegg. Altbayerische Heimatpost, Nr. 48, 1995.
Müller-Using, Detlef: Die Hundeartigen. In: Grzimeks Tierleben. Band 12. München: Deutscher Taschenbuch Verlag 1979, S. 196–286.
Neubauer, Michael: „Der Farbe nach ist dieser Wolf ein Pohle …". Frankenpost, 24./25./26.12.93.
Oberpfälzer Wappenbuch. Öffentliche Wappen der Oberpfalz. hrsg. von der Regierung der Oberpfalz und Bezirk Oberpfalz. Regensburg o. J.
Panzer, Friedrich: Bayerische Sagen und Bräuche. Teil II. Hrsg. u. eingeleitet von Will-Erich Peukert. Göttingen: Verlag Otto Schwartz & Co 1956, S. 193–194 (Originalausgabe 1855).
Petzoldt, Leander: Kleines Lexikon der Dämonen und Elementargeister. München: C. H. Beck 1990.
Petzoldt, Leander: Einführung in die Sagenforschung. Konstanz: Universitätsverlag 1999.
Pfarl, Peter und Rudolf Zinnhobler: Der heilige Wolfgang. Linz: Oberösterreichischer Landesverlag 1975.
Pfund, Karl: Über Wolfsjagden im Isarwinkel und in dem angrenzenden Gebirgsvorlande im siebzehnten Jahrhundert. In: Das Bayerland, 15. Jg., 1904.
Pohl, Werner (Hrsg.): Aus dem Gerichtswesen in Viechtach. Viechtach: Lackerbauer 1988.
Poiger, P.: Wolfsgruben. In: Der Bayerwald, 22. Jahrgang, H. 6, 1924, S. 22 f.
Poschinger, Karl von: Einiges über Wild und Jagd im böhmischen und bayerischen Walde in früheren Jahrhunderten. In: Der bayerische Wald, 1911, H. 2.

Praxl, Paul (Hrsg.): Waldlersagen aus dem Land zwischen Lusen und Dreisessel. Gesammelt und bearbeitet von Anton Neubauer. Grafenau 1972.
Putz, F. G.: Die Wildbahn des Hochstiftes Passau. In: Die ostbairischen Grenzmarken. 15. Jg., 1926, H. 9.
Raab, Hans: Der Schrecken der Wölfe. In: Altbayerische Heimatpost, 1993, Nr. 7.
Reger, A.: St. Wolfgang. Der Zwiebelturm, 24. Jg., 1969, H. 10, S. 261–264.
Reichold, Andreas: Sagen aus Bayerns Nordostgebieten, 8. Aufl. Hof/ Saale: Hoermann-Verlag 1976.
Reimeier, Karl-Heinz: Kinderreime aus Niederbayern. Grafenau: Morsak 1985.
Reinl, Josef: Wölfe in der Heimat Oberpfalz. In: Die Oberpfalz, 73. Bd., 1985.
Reiser, Karl: Sagen, Gebräuche und Sprichwörter des Allgäus. Bd. 2. Hildesheim, New York: Olms 1979 (Nachdruck der Ausgabe von 1902).
Reister, Juliane: Wasserspiele in München. Rundgänge zu den Brunnen der Münchner Innenstadt. Buchendorfer Verlag 1992.
Rieder, Otto: Versuch einer Geschichte von Nassenfels. Separatabdruck aus den Neuburger Collektaneenblättern ab 1884.
Riess, Ludwig: Selber Heimatbuch. 2. Ausgabe. Selb: Buchdruckerei F. u. A. Münch 1949.
Röckel, Dieter: Die abenteuerliche Geschichte des letzten Wolfs im Odenwald & letzte Wölfe in Deutschlands anderen Regionen. Eberbach: Rhein-Neckar-Zeitung 1999.
Röhrich, Lutz: Sage und Märchen. Erzählforschung heute. Freiburg, Basel, Wien: Herder 1976.
Röhrich, Lutz: Erotik im Volksmärchen. In: Neue Zürcher Zeitung vom 1./2.2.1986, S. 91 ff.
Röhrich, Lutz: Das große Lexikon der sprichwörtlichen Redensarten. Band 3. Freiburg, Basel, Wien: Herder 1992.
Röhrich, R.: Das Schönwerthlesebuch, Regensburg 1981.
Rotenhan, Elisabeth v. und Walter Dold: Markt Rentweinsdorf, Bamberg 1983.
Rump, Hans-Uwe: Ritterliches Leben auf Burg Wolfsegg. Hrsg. von der Landesstelle für die Betreuung der Nichtstaatlichen Museen in Bayern beim Bayerischen Landesamt für Denkmalpflege 1990.
Sagen und Legenden aus unserem Heimatkreis. Gesammelt und herausgegeben von der Lehrerschaft des Landkreises Beilngries. Beilngries: Bauer ca. 1950 (= Beilngrieser Heimatbogen, H. 1).
Sammler, U.: Es war einmal ... Wunderschöne Märchenfiguren von Hausser-Elastolin und Lineol. Mit Fotos von C. Gärtner. Spielzeug antik, 1998, H. 3/4.
Sax, Julius: Bischöfe und Reichsfürsten von Eichstätt. Landshut: Krüll o. J.
Sax, J.: Geschichte der Stadt und des Hochstifts Eichstätt. Nürnberg: Schmid 1858.
Schauber, Vera und Hanns Michael Schindler: Heilige und Namenspatrone im Jahreslauf. Augsburg: Pattloch 1992.
Schemmel, B.: Der „Werwolf" von Ansbach (1685). Ereignisse und Meinungen. In: Jahrbuch für fränkische Landesforschung 33, 1973, 167.
Schinzel-Penth, Gisela: Sagen und Legenden um das Fünfseenland. Frieding: Ambro Lacus 1977.
Schlögl, Alois (Hrsg.): Bayerische Agrargeschichte. Bayerischer Landwirtschaftsverlag 1954.
Schloss Wolfstein. Hrsg. von der Regierung von Niederbayern u.a. Landshut, Freyung 1993.
Schmeil, Otto: Flora von Deutschland und angrenzender Länder. 90., durchgesehene Auflage. Von Karlheinz Senghas und Siegmund Seybold. Wiesbaden: Quelle und Meyer 1996.
Schmeissner, Rainer H.: Die „Wolfssäule" im Rankenreuther Wald in der nördlichen Oberpfalz – ein seltenes Jagddenkmal. In: Beiträge zur Flur- und Kleindenkmalforschung in der Oberpfalz, 1981, H. 4, S. 46–48.
Schmeller, Johann Andreas: Bayerisches Wörterbuch. 2. Bd. München: Oldenbourg 1877.
Schmidt, Willibald: Sagen aus dem Isarwinkel, 2. Auflage Bad Tölz: Günther Aehlig 1979.
Schnetz, Joseph: Flurnamenkunde. 2. Auflage München 1963.
Schnizzer, Matthias Salomon: Chronik der Stadt Neustadt a.d. Aisch. Neustadt a.d. Aisch: Schmidt 1978 (unveränderter Nachdruck von 1938).
Schönfelder Peter u.a.: Verbreitungsatlas der Farn- und Blütenpflanzen Bayerns. Stuttgart: Eugen Ulmer 1990.
Schöppner, Alexander: Sagenbuch der Bayerischen Lande. Neue Volksausgabe in 3 Bänden. München: M. Rieger'sche Universitätsbuchhandlung 1874.
Schrickel, Waldtraut: Solnhofen. Solabasilika und Propstei. Hrsg. von der Gemeinde Solnhofen 1987.
Schubert, Gotthilf von: Der Wolf und das Geigerlein. In: Lesebuch für die Mittelklassen der Volksschulen. 1910.
Schwarz, Georg: Tiere in unserer Sprach- und Vorstellungswelt, in Brauchtum und Volksglauben. In: Heimatbeilage zum Amtlichen Schulanzeiger des Regierungsbezirks Oberfranken. Bayreuth 1991.
Sedlmeier, Martin: Die schönsten Sagen, Geschichten und Legenden aus dem Landkreis Pfaffenhofen a.d. Ilm. Pfaffenhofen/Ilm: Verlag W. Ludwig 1979.
Seidlmayer, Hans: Das „Wolfaustreiben" im Bayerischen Wald. In: Bayerische Hefte für Volkskunde, 12. Jg., 1939, H. 4, S. 37–39.
Seyfert, Ingeborg: Bifang und Wolfsgrube. In: Der Bayerwald, 1979, H. 4.
Seyfert, Ingeborg: Daten zur Geschichte der Jagd im Bayerischen Wald. In: Ergert, Bernd E. (Hrsg.): Die Jagd. Vom Faustkeil bis zum Präzisionsgewehr. Sonderschau im Waldmuseum Zwiesel 1978.
Söckler, F. X.: Culturgeschichtliche Bilder aus Mittelfranken (Kipfenberg). In: Deutsche Gaue, Bd. V, 1904/05.
Stadler, Klemens: Deutsche Wappen. Bundesrepublik Deutschland. Bd. 4. Die Gemeindewappen des Freistaates Bayern. I. Teil A-L. Bremen: Angelsachsen-Verlag 1965. Bd. 6. Die Gemeindewappen des Freistaates Bayern. II. Teil M-Z. Nachträge zu Bd. 4 und 6. Bremen: Angelsachsen-Verlag 1968.
Stadler, Klemens und Albrecht Graf von und zu Egloffstein: Die Wappen der oberfränkischen Landkreise, Städte, Märkte und Gemeinden. Kulmbach: Freunde der Plassenburg 1990.
Städtische Kunstsammlungen Augsburg (Hrsg.): Hans Burgkmair. Das graphische Werk. Augsburg 1973.
Stark, Ewald: Geschichte der Gemeinde Walderbach. 1984.
Staudinger, Heinz: Der letzte Wolf im alten Amt Lohr: 1719 von Johann Hölzle erlegt. In: Spessart 1992, H. 9, S. 10.
Staudinger, Heinz: Der letzte Wolf im Spessart: Ein Denkmal, aber nichts Gewisses. In: Spessart 1992, H. 9, S. 8 f.
Steckbauer, Erwin: Von Bär, Wolf und Luchs in der Vergangenheit. Historische Überlieferungen. In: Ergert, Bernd E. (Hrsg.): Die Jagd. Sonderschau im Waldmuseum Zwiesel 1978.
Steine erzählen vom Mittelalter. Archäologie und Geschichte der Burg Wolfstein. Katalog zur Sonderausstellung im Stadtmuseum Neumarkt vom 12. April bis 3. September 2000. Hrsg. vom Verein Wolfsteinfreunde Neumarkt i.d. Opf. e.V. 2000.
Stenger, M.: Wann der letzte Wolf geschossen wurde. In: Spessart, 1971, H. 2.
Teplitzky, Hubert (a): Rotkäppchen und der böse Wolf. (Aus einer heimatkundlichen Beilage der Zeitung „Grenzwarte", Oberviechtach, aus den 30er Jahren).

Teplitzky, Hubert (b): Die Wolfsplage vor rund 300 Jahren. (Aus einer heimatkundlichen Beilage der Zeitung „Grenzwarte“, Oberviechtach, aus den 30er Jahren).
Theopold, Wilhelm: Das Kind in der Votivmalerei. München: Thiemig 1981.
Thomas, Joseph: Ein Chiemgauwolf und seine „Personalien“. In: Der Zwiebelturm, 17. Jg. 1962, H. 6, S. 132.
Tobien, Felicitas: Franz Marc. Ramerding: Berghaus-Verlag 1982.
Torbrügge, Walter und Hans P. Uenze: Bilder zur Vorgeschichte Bayerns. Konstanz, Lindau, Stuttgart: Jan Thorbecke Verlag 1968.
Uenze, Hans Peter: Steinzeit. In: Prähistorische Staatssammlung (Hrsg.): Archäologie in Bayern. Vor- und Frühgeschichte, Ausgrabungen und Funde. Pfaffenhofen: Ludwig Verlag 1982, S. 11–60.
Uffenheimer Heimatblätter, 5. Jg., Jan. 1937.
Unterfränkisches Wappenbuch. Hrsg. vom Bezirk Unterfranken.
Wachter, Emil: Wölfe, Bären und Luchse im Fichtelgebirge. Heimatkalender 1955.
Waltinger, M.: s' Wolfaustreibn. In: Der Bayerische Wald, 1. Jg., 1903, S. 68–70.
Weber, Gottfried: Die Romanik in Oberbayern. Architektur - Skulptur - Wandmalerei. Pfaffenhofen: Ludwig 1985.
Weigand, Waldemar: Von der Jagd im Spessart in alter Zeit. In: Spessart, 1973, Nr. 11.
Weiß, Josef: In den Jagdgründen der Archive Pirsch auf der Fährte des letzten Wolfs, der im Spessart gelebt hat. Die Frage lautete: Wer hat das Untier wann erschossen und wo? In: Spessart 1995, H. 1.
Weißenburger Heimatbücher, 7. Jg. 1930.
Weitlauff, Manfred: Sankt Radegundis. In: Pötzl, Walter (Hrsg.): Der Landkreis Augsburg. Natur, Geschichte, Kunst und Kultur. Augsburg 1989, S. 138.
Westerholz, S. Michael: Von Hexen und Geistern, Trud und Weiz und mit dem Teufel im Bunde. Deggendorf 1980.
Wimmer, Otto und Hartmann Melzer: Lexikon der Namen und Heiligen. 5., überarbeitete Auflage. Innsbruck, Wien: Tyrolia 1984.
Wolfshatz bei Frankenreuth. In: Frankenpost 27.07.82.
Wolfsjagden in fränkischen Fürstentümern. In: Die Heimat. Organ des Historischen Vereins Neustadt an der Aisch und Umgebung. 1940, Nr. 14.
Wood, Daniel: Wolves. Second printing. Toronto: Smithbooks 1995.
Wölfl, Manfred: An- und Einsichten zu Großtierarten im Bayerisch-Böhmischen Grenzgebirge. Eine Studie im Auftrag der Regierung von Niederbayern. April 1999.
Wörterbuch der deutschen Sprache. Hrsg. von Gerhard Wahrig. Neu hrsg. von Renate Wahrig-Burfeind. München: Deutscher Taschenbuch Verlag 1997.
Zimen, Erik: Der Wolf. Verhalten, Ökologie und Mythos. München: Knesebeck 1997.

Bildnachweise

ARTOTHEK, Bayer & Mitko; Bildnummer 15127; Rösel von Rosenhoff, Franz, 1626–1700; Fabelbild mit Wolf, Fuchs und Schaf; 1666; Öl/Lwd.; 122 x 187 cm; Bayerische Staatsgemäldesammlungen (München); Inv. Nr. 1001: S. 47.
Bauer, Christian (Wörth a.d. Donau): S. 38, 57, 94/95, 104/105, 107, 108, 113 u. Titel: Heulende Wölfe.
Bayerische Staatsbibliothek, München: S. 43 unten.
Bayerl, Rudolf (Neumarkt i.d. Oberpfalz): S. 19.
Böhm, Reinhold (Grafenwöhr): S. 20 u. Rücktitel.
Büchlberg, Gemeinde: S. 54.
Bunge, Roland: S. 41.
Deutsches Jagd- und Fischereimuseum, München: S. 34.
Dictionnaire de toute expèce de chasse. Paris 1811 (Repro: Dr. Dieter Röckel): S. 36.
Die Welt des Hans Sachs. 400 Holzschnitte des 16. Jahrhunderts. Hrsg. von den Stadtgeschichtlichen Museen Nürnberg, Kat.Nr. 83: S. 45.
Egmating, Gemeinde: S. 55.
Emtmannsberg, Gemeinde: S. 55.
Fichtelgebirgsmuseum Wunsiedel (Foto: Heider, Repro: Dr. Dieter Röckel): S. 26 u. Rücktitel.
Fischer, Berndt (Poxdorf): S. 2, 10.
Fotoatelier Herbert Braun (Gunzenhausen): S. 83.
Foto-Studio Gundermann (Würzburg): S. 88.
Fouilloux, Jacoben von: New Jägerbuch. Straßburg 1590. Nachdruck: Satyr-Verlag, Brensbach 1978. (Repro: Rudolf Hager): S. 14.
Freyung-Grafenau, Landkreis: S. 54.
Fruth, Anna (Fürsteneck): S. 49.
Germanisches Nationalmuseum, Nürnberg: S. 48, 77.
Gerolsbach, Gemeinde: S. 55.
Goethe, Johann Wolfgang: Reineke Fuchs. 1846. Nachdruck: Verlag der Nation, Berlin 1987: S. 103.
Gothaer Kultur- und Fremdenverkehrsbetrieb/ Schlossmuseum, Schloss Friedenstein, Inv. Nr. G 43,56: S. 75.
Graphische Sammlung Albertina, Wien, Inv.Nr. 1934/62: S. 44 u. Titel.
Hager, Rudolf (Eichstätt): S. 15, 22.
Hauzenberg, Stadt: S. 54.
Högler, Peter (Gelchsheim): S. 23 rechts.
Hutthurm, Markt: S. 54.
Institut für Paläoanatomie und Geschichte der Tiermedizin der Universität München: S. 12, 13.
Jäger, Konrad (Schwandorf): S. 71, 73.
Kleinsendelbach, Gemeinde, S. 55.
Kroher, Friederike K. van der (Coburg): Vor- und Nachsatz, S. 50.
Kronburg, Gemeinde: S. 55.
Kuhn, Albert: Allgemeine Kunstgeschichte. I. Halbband. New York 1909: S. 99.
Maier, Josef (Stilln): S. 21.
Moser, Günter (Ammerthal): S. 66, 67, 84 u. Titel-Hintergrund.
Museum für Vor- und Frühgeschichte, Berlin: S. 40.
Neuhof a.d. Zenn, Markt: S. 53.
Obernzell, Gemeinde: S. 54.
Obertrubach, Gemeinde: S. 53.
Oerlenbach, Gemeinde: S. 54.
Passau, Stadt: S. 54.
Perlesreut, Markt, S. 55.
Plankenfels, Gemeinde: S. 53.
Popp, Gregor: S. 23 links.
Prechtl, Michael Mathias (Nürnberg): S. 78.
Richter, Ludwig: Das Ludwig Richter Album. Sämtliche Holzschnitte. Rogner & Bernhard, München 1968, Band 2, S. 1598: S.101 u. Rücktitel.
Ridinger, Johann Elias: Die Edle Jagdbarkeit. Augsburg 1729. (Repro: Dr. Dieter Röckel): S. 31.
Römisch-Germanisches Zentralmuseum Mainz, Replika, Inv. Nr. 10466: S. 97.
Ruderting, Gemeinde: S. 54.
Schaufling, Gemeinde: S. 55.
Scherf, Dieter (Galgweis): S. 1, 18, 25, 43 oben, 62.
Schloss Wolfstein. Hrsg. von der Regierung von Niederbayern u.a. Landshut und Freyung 1993: S. 68.
Schneider, Albert (Waldsassen): S. 87.
Schwabhausen, Gemeinde: S. 53.
Stadtarchiv Passau: S. 52.
Städtische Kunstsammlungen Augsburg, Inv. Nr. 1340: S. 42.
Untergriesbach, Gemeinde: S. 55.
Wasserlosen, Gemeinde: S. 53.
Weber, FOTO, Bodenmais: S. 92.
Weiß, Josef (Faulenbach a. Main): S. 24.

Orts- und Sachregister

DANK

Den nachfolgend aufgeführten Personen und Institutionen zu danken, ist mir ein besonderes Anliegen. Sie alle haben zum Entstehen dieses Buchs beigetragen, indem sie auf Fakten, Funde, oder Fiktionen hingewiesen und Literatur und Quellen zur Verfügung gestellt haben. Ganz besonders bedanken möchte ich mich bei Herrn Rudolf Hager, der über Jahre hinweg viele wichtige Unterlagen und Quellen beigesteuert hat. Ebenfalls besonderer Dank gebührt Frau Leonore Böhm, Herrn Peter Högler, Herrn Günter Lipp und Herrn Dr. Dieter Röckel sowie Herrn Dr. Erik Zimen, der das Vorwort zu diesem Buch verfasste.

Danken möchte ich auch allen, die – vielfach unentgeltlich – Texte, Fotos und andere Abbildungen zur Verfügung gestellt und/oder die Reproduktionserlaubnis erteilt haben.

Ernst Aicher, Landratsamt Mühldorf a. Inn.
Reinhold Albert, Sulzdorf a.d. L.
Hans Angerer, Regierung von Oberfranken, Bayreuth.
Evelin Arneth, Archiv der Porzellan-Manufaktur Nymphenburg, München.
Anneliese Asen, Gräfl. Arco-Zinneberg'sche Verwaltung, Moos.
Bayerische Akademie für Naturschutz und Landschaftspflege (Peter Wörnle), Laufen/Salzach.
Bayerisches Forstamt Regen (Herr Karsch), Regen.
Bayerisches Hauptstaatsarchiv (Claudia Mannsbart), München.
Bayerisches Landesvermessungsamt (Herr Treleano), München.
Bayerisches Nationalmuseum (Dr. Nina Gockerell, Maud Jahn, Prof. Dr. Rainer Kahsnitz), München.
Bayerisches Staatsministerium für Landesentwicklung und Umweltfragen (Dr. Angela Löw), München.
Rudolf Bayerl, Landratsamt Neumarkt i.d. Oberpfalz.
Hans Blöchl, Landratsamt Aichach-Friedberg.
Albert Blümel, Landratsamt Kelheim.
Emmi Böck, Ingolstadt.
Leonore Böhm, Grafenwöhr.
Werner Bürger, Stadtarchiv Ansbach.
Ernst Dausch, Landratsamt Schwandorf.
Dr. Werner D'Oleire- Oltmanns, Nationalparkverwaltung, Berchtesgaden.
Josef Dengler, Rinchnach.
Werner Dobras, Stadtarchiv Lindau.
Gerald Doenicke, Gesellschaft zum Schutz der Wölfe e.V., Stetten/Rhön.
Prof. Dr. Angela von den Driesch, Institut für Palaeoanatomie, Domestikationsforschung und Geschichte der Tiermedizin der Ludwig-Maximilians-Universität München.
Fritz Ecker, Peutenhausen.
Pater Egino ofm, Franziskanerkloster „Maria im Sand", Dettelbach.
Dr. Gerhard Ergert, Stadt Volkach.
Dr. Christoph Emmendörffer, Kunstsammlungen der Stadt Augsburg.
Max Englram, Verkehrsamt Bischofsmais.
Konrad Fahmüller, Pfettenhausen.
Harald Fähnrich, Plößberg.
Hans Fleckenstein, Hösbach.
Nick Fritsch, Bildungswerk des Bundes Naturschutz in Bayern e.V., Wiesenfelden.
Anna Fruth, Fürsteneck.
Alfred Fuchs, Waldkirchen.
Gemeinde Aldersbach (Alfred Wimmer).
Gemeinde Schöfweg (H. Stöckl).
Gemeinde Türkenfeld (G. Rothenhagen).
Generaldirektion der Staatlichen Archive Bayerns (Dr. Uhl), München.
Germanisches Nationalmuseum (Dr. Johannes Willers), Nürnberg.

Bernd Graf, Landratsamt Kronach.
Roland Graf, Landratsamt Kronach.
Hans Greinwald, Bad Kohlgrub.
Gunter Hack, M. A., Verband für Orts- und Flurnamenforschung in Bayern e.V. München.
Rudolf Hager, Eichstätt.
Heinz Hahn, Rückersdorf.
Fritz Hammel, Obernzell.
Prof. Dr. Walter Hartinger, Lehrstuhl für Volkskunde an der Universtität Passau.
Willibald Hauer, Katholisches Pfarramt Aldersbach.
Dr. Josef Haushofer, Eggenfelden.
Dieter Hempel, Röslau.
Dr. Michael Henker, Haus der Bayerischen Geschichte, München.
Dr. Irmgard Hillar, Landratsamt Aichach-Friedberg.
Peter Högler, Gelchsheim.
Lothar Hofmann, M. A., Gerätemuseum des Coburger Landes, Ahorn.
Erwin Holzbaur, Mindelheim.
Franz Hummel, Wolfsegg.
Prof. Dr. Günther Kapfhammer, Universität Augsburg.
Gerhard Keidel, Aldersbach.
Oskar Kirchner, Bad Brückenau.
Ludwig Kitzinger, Arnstorf.
Dr. Bärbel Kleindorfer-Marx, Landratsamt Cham.
Dorothée Kleinmann, Darmstadt.
Hildegard Knabenschuh, Regensburg.
Erhard Köck, Jagd- und Fischereimuseum Schloss Wolfstein, Freyung.
Klaus-Peter Koller, Wolfratshausen.
Dr. Richard Kraft, Zoologische Staatssammlung München, München.
M. Mercede Krappmann, Institut der Englischen Fräulein, Bad Reichenhall.
Friederike K. van der Kroher, Berlin.
Heinz Kühlwein, Neustadt a.d. Aisch.
Landratsamt Bad Kissingen (Herr Eberth).
Landratsamt Bayreuth (Herr Adam).
Landratsamt Freyung-Grafenau.
A. K. Limmer, Rottach-Egern.
Günter Lipp, Ebern.
Herr Lipski, Museum der Stadt Eberbach.
Georg Loibl, Landratsamt Deggendorf.
Dr. Matthias Mäuser, Naturkunde-Museum Bamberg.
Helmut Mahr, Oberasbach.
Dr. Fritz Markmiller, Stadt Dingolfing.
Markt Reisbach, Reisbach.
Herbert Marquart, Sulzberg.
Herr Matschke, Schöfweg.
Dr. Adalbert Mayer, Katholisches Pfarramt Wessobrunn.
Ingeborg Merz, Stiftung Europäisches Naturerbe (Euronatur), Radolfzell.
Dr. Albrecht Miller, Bayerische Verwaltung der Staatlichen Schlösser, Gärten und Seen, München.
Prof. Dr. Karl Möseneder, Universität Passau.
Longin Mößlein, Gerolzhofen.
Nationalparkverwaltung Bayerischer Wald (Herr Bäuml), Grafenau.
Konrad Niederschweiberer , Mühldorf am Inn.
Florian Obermayer, Heimatverein Vilsbiburg.
Sr. Georgia Otto, Kloster Wessobrunn.
Maria Perreiter, Engelsberg.
Herr Petz, Markt Hohenwart.
Prof. Dr. Walter Pötzl, Landratsamt Augsburg.
Bertram Popp, Landratsamt Hof.
Dr. Kurt Preißler, München.
Dr. Klaus Reder, M. A., Kulturarbeit und Heimatpflege im Bezirk Unterfranken, Würzburg.
Regierung von Mittelfranken (Herr Korbacher), Ansbach.
Regierung der Oberpfalz (Frau Lonthoff), Regensburg.
Rudolf Reiser, München.
Thomas Riedmiller, Kulturamt Stadt Füssen.
Dr. Dieter Röckel, Eberbach.
Reinhard Rübin, Stadt Selb.
Franz Rutsch, Pfaffenhofen a.d. Ilm.
Alois Sailer, Lauterbach.
Christine Schaumaier, Stadtarchiv München.
Dr. P. Raban Schinabeck, Abtei Metten.
Annette und Dieter Schlotter, Rimpar.
Rainer H. Schmeissner, Arbeitskreis „Internationale Steinkreuzforschung“, Regensburg.
Werna Schmid, Bayerischer Hotel- und Gaststättenverband e.V., München.
Dieter Schmudlach, Kasendorf.
Franz Schned, Bischofswiesen.
Gerhard Schober, Unterbrunn.
Wolfgang A. Schreyer, Deutsches Jagd- und Fischereimuseum, München.
Dr. Volker Schümmer, Zentralinstitut für Kunstgeschichte, München.
Dr. Helmut Schwarz, Museum Lydia Bayer, Nürnberg.
Maximilian Seefelder, M. A., Bezirk Niederbayern, Landshut.
Georg Graf v. Soden-Fraunhofen, Neufraunhofen.
Dr. Soika, Landratsamt Traunstein, Traunstein.
Dr. Wilfried Sponsel, Fürst Wallerstein Schlösser und Museen, Schloss Harburg.
Stadt Ansbach (Werner Bürger).
Stadt Augsburg (Staats- und Stadtbibliothek: Dr. Helmut Gier).
Stadt Bobingen (Herr Lenski).
Stadt Landau a.d. Isar.
Stadt Nürnberg, Stadtarchiv.
Stadt Neustadt a.d. Donau (Herr Metzger).
Stadt Passau, Stadtarchiv (Frau Nitsche, Herr Schaffner, Frau Veit).
Stadt Vilsbiburg (Herr Bartreit).
Stadt Volkach (Dr. Gerhard Egert).
Stadt Waldsassen (Herr Hahn, Herr Jäger).
Ferdinand Steffan, M. A., Museum Wasserburg am Inn.
Alois Stockner, Landratsamt Altötting.
Manfred Stolper, Tiefenbach.
Herr Strobl, Archiv und Bibliothek der Stadt Schweinfurt.
Hilmar Sturm, Heimatbund Allgäu, Kempten.
Hubert Teplitzky, Landratsamt Schwandorf.
Dr. Hans-Peter Uenze, Prähistorische Staatssammlung, München.
Dr. Uhl, Generaldirektion der Staatlichen Archive Bayerns, München.
Verwaltungsgemeinschaft Nabburg (Martina Klose), Nabburg.
Verwaltungsgemeinschaft Velden (Herr Kerscher), Velden.
Otto Voit, Forchheim.
Jürgen Völkl, Forstamt Deggendorf.
Josef Wabra, Bad Kissingen.
Albert Wechs, Hinterstein.
Peter Wehner, Karlstadt am Main.
Josef Weiß, Faulbach am Main.
Josef Weizenegger, Günzburg.
Josef Wenig, Hönigsgrub.
Ludwig Wenig, Hönigsgrub.
Paul Werner, Bayer. Landesamt für Denkmalpflege, München.
Alois Wetzler, Osterhofen.
Volker Wiedenmann, Bayerisches Forstamt Fichtelberg.
Manfred Wölfl, Rattiszell.
Dr. Herbert Wurster, Bischöfliches Ordinariat, Passau.
Hans Ziegler, Museum der heimischen Tierwelt, Nabburg.

Unsere Naturreihe · Buch & Kunstverlag Oberpfalz

Gibt es sie eigentlich, die Wildnis - mitten in unserem hochzivilisierten Land? Ja - einzigartig, zwischen Atlantik und Ural, in den Nationalparks Bayerischer Wald und Šumava. Hier wird wilder Wald erlebbar, großartig, erschreckend und wunderschön zugleich. Ein unendlicher Gewinn an Ursprünglichkeit! Ein Geschenk für die Menschen! Die Vision wilder Waldnatur mitten in Europa wird hier Realität. Der Nationalparkwald zeigt uns das faszinierende Ineinandergreifen vom ständigen Werden und Vergehen. Staunen Sie!

(Hrsg. von Harald Grill, Günter Moser und Wolfgang Bäuml; Vorwort von Karl-Friedrich Sinner; Format 26 x 24 cm, 120 Seiten, 94 Fabbilder)

Schauen Sie in die vielen Gesichter Frankens! Von der Sonnenseite am Main und der herben Bergschönheit der Rhön bis zum rauen Fichtelgebirge.
Berndt Fischer hat das Unverwechselbare gesucht und gefunden: Dort, wo die Wildtulpen blühen und wo sich Eisvogel und Buntspecht „guten Tag", Uhu und Dachs „gute Nacht" sagen. Kommen Sie mit auf die „Streifzüge durch eine Seelenlandschaft" und genießen Sie mit diesem brillanten Bildband Ihr eigenes „Naturerlebnis Franken"!

(Fotos: Berndt Fischer; Vorwort von Ludwig Sothmann; Texte von Helmut Haberkamm; Format 26 x 24 cm, 136 S., 140 Farbbilder)

„Zurück auf leisen Pfoten" ist die Europäische Wildkatze in Deutschland. Seit 1984 versuchte der Bund Naturschutz dieses hier einst ausgerottete, sehr scheue Tier wieder anzusiedeln. Mit Erfolg!
Grund genug, ein längst überfälliges Standardwerk mit attraktiven Wildkatzenbildern herauszugeben: Autoren aus Österreich, Schweiz und Deutschland erläutern anschaulich und plastisch den neuesten Stand ihrer Forschungen.
Nehmen Sie teil an der Renaissance einer bedrohten Tierart!

(Hrsg. von Herbert Grabe und Günther Worel; Vorworte von Heinz Sielmann und Hubert Weinzierl; Format 26 x 24 cm, 112 S., 63 Farbbilder)